JN056732

新版

大地の哲学

三位一体の於てある場所

小野寺功

春風社

序

（森　信三）

小野寺功教授は、わが国カトリック教学界における実力的俊鋭の一人であって、このことはその功績がすでに公に表彰せられたことによっても証せられるであろう。同時に氏がここに到られたことについては、私を介して氏が、わが国西田哲学の最高権威ともいうべき鈴木亨博士を通して、西田哲学の精髄を攻めることここに十年、よく西田・田辺の二氏を通して鈴木哲学に到れる学流の必然を解すると共に、それを媒介としてカトリック教学に対して一脈清新なる哲学的基礎づけを試みられたが故であろう。

然るに氏のあくなき探究心は、以上を以て甘んずることなく、さらにカトリック教学の「土着化!!」の希求に対して応えるところあらんとし、その第一歩ともいうべきものこそ実にこの書といえるであろう。

そもそも君の出生は、かの天才詩人宮沢賢治を生める岩手の産にして、君の血の底を流れているのは、その父祖の農民魂といってよく、今やそれがカトリック教学の「土着化」の希求に応えんとし始めたものといえるであろう。

だが、それに対して真に応えんがためには、今やこれ迄のように単に西洋哲学を媒介とするのでは足りず、そこには更により根源的に民族の血に根ざすことが要とせられ、氏の主要関心事は今やその方向にむけられつつあるのではあるまいか。
ここに到って私には、そぞろにスラブ哲学の祖ソロヴィヨフの上に想い到らざるを得ないのである。知らず、氏がいつの日はたして、いか様な様式によってソロヴィヨフを超え、ないしは日本のソロヴィヨフとして、その独自の歩みを始められるであろうか。

一九八三年四月　六甲山麓の「隠れ里」にて

森　信三

新版 大地の哲学——三位一体の於てある場所　目次

第一部　詩と哲学

一　イーハトーヴの故郷

(1) イーハトーヴ

私が学生時代に出合い、その後長い間沈潜し、傾倒し続けてきたドイツのカトリック的な実存哲学者ペーテル・ウースト (Peter Wust: 1884-1940) は、その生涯にわたる精神遍歴の結晶ともいうべき『人間と実存』において、人生の根源的意味を探究する人間精神には、常に「故郷に還ろうとする思惟」(heimkehrendes Denken) と、問い求めつつ「冒険する思惟」(abenteuerundes Denken) の二つの機能があることを指摘している。

このことは、私自身の霊性的実存の弁証法的な思惟の傾向にも、かなりよくあてはまるように思われる。

私の内部体系を形成する思想契機の一つの要因は、明らかに、宮沢賢治によって「イーハトーヴ」と呼ばれた岩手の特異な風土体験であり、もう一つは、大東亜戦争の開始とその敗北をきっかけにして、青春期の多感な魂に刻印された痛切な歴史体験とその形而上的開眼である。前者はいわば、私の帰郷的思惟の対象となる郷土体験の基体ともいうべき「大地性」を意味しており、後者はむしろその円環的構造を突き破り、世界史的地平からその歴史的意味を見極めようとする冒険的・未来的要素を形成したといってよいであろう。

その両契機の中で私が今ここで特に問題にしようとしているのは、私に霊性的・実存的思考をうながし、「大地性の理念」を養い培ってくれた「イーハトーヴ」の風土体験の形而上的意義についてである。イーハトーヴとはいうまでもなく「岩手」のエスペラント読みであり、日本近代文学史の中でもまったく異例なジャンルを形成した宮沢賢治の、溢れるほどに多産的・源泉的であった詩や童話文学の根底を流れる風土体験の根本理念であり、それはまた同時に、みちのくの大地をふみしめて立つ至純なるユートピアでもあった。

もちろんこのことは、同郷の詩人石川啄木とともに、日本人の心にかくも広汎に滲透するに至った賢治の文学の普遍性からいっても、「イーハトーヴ」を狭い岩手の空間的意味に限定して考える必要はない。

それは彼自身これを解説して「銀河の空間、太陽日本、陸中国岩手」というふうに、四次元空間的に捉えていたのであり、本来は、いかなる時・空をも超えた大地的場所とみるべきものである。

しかしながら一方では、彼の生涯とその作品は、岩手の風土に深く土着する一面をもつのであって、試みに『春と修羅』を通読し、その鮮烈なわきめもふらぬ源泉的な言葉の氾濫にじかに触れ得た者にとっては、岩手の風土性を媒介することなしに、あれほどの原初的自然性とコスモス感覚にあふれた表現の奔放さを持ち得たかどうか、私ははなはだ疑問に思うのである。

当時と違って、今はこの地方も、アスファルトの道路が山を越えて縦横に走り、近代化の波がひた押しに押し寄せてきているが、しかし私の心象風景の中では、花巻を基点として、北は盛岡、東は遠野、南は一関にかけて、北上山系の早池峰と、奥羽山脈にそびえる岩手山をはるかに望むこの地方一帯の風土性は、日本でも珍しい一種独得の形而上的風土であると考え続けてきた。

かつて詩人村野四郎は、私の友人野中隆弥の処女詩集『石を抛る』に序を寄せて、次のようにこの点を指摘されたことがあった。

「わたしはかつて、岩手という地方には、どんな文明でも知りつくせない、あるいは知ればそれ自身破壊されてしまうような、何か非常に神秘的な物質の鉱脈が埋蔵されていると、どこかで書いたことがあるが、わたしはこの詩集にも、あの鉱脈を直観したと思った。ところが著者の野中君にあってみると、果して彼は岩手の生まれであった。

じつはわたしは、彼の優雅な形而上学からのある種のサティリカルな放射に、それを直観したのであった。」

ここでいわれている村野四郎の「神秘的物質の鉱脈」という表現は、「あらゆる可能性」の根拠としての「母なる大地」の形而上性を実に見事に把握しているように思う。とにかくこの地方に生活した者の実感としては、風土は常に一種の黙示であった。

これは私にとって、ライナ・マリア・リルケが「ロシアはある意味で私の経験、私の感受性の基礎であった。ちょうど一九〇二年以来、パリ――あの無類の町――が私の創作意欲の基体となったように」と書いているごとく、ある種の内的で現実的な、そこから出立し、そこに帰ってくる「根源的故郷体験」を意味するのである。

この意味でリルケがエレン・ケイに書き送った書簡の一節は、私のイーハトーヴ体験と何と類似していることであろうか。

「……ロシア、それは人間が孤独者である国、その一人一人が自分のうちに一つの世界をもち、一人一人が山のように暗さに充ち、一人一人が身を卑しめるおそれもなく謙譲さのなかに沈み、それゆえにこそあのように敬虔な、遥かなもの、不安と希望に充ちた人々、成ってゆく人々……。」

（『リルケ詩集』ピエール・デグロープ編、伊吹武彦訳、創元社）

私はこのような風土体験を何と表現すべきかに苦しみ、学生時代からなじんできたロシア文学の影響で「イーハトーヴ・ロシア的大地」と心覚えに呼んでみたことがある。しかしこのような感想を抱くのは私だけではないとみえて、のちほど、私は文芸評論家の奥野健男が、私が考えるより広範囲に、太宰の文学をも含めて、「東北の地は、世界文学におけるロシア――プーシキンやチェホフやドストエフスキーを生んだロシアに似た役割を日本文学の中ではたしたように思われる」といっている文章にふれて深く共感するところがあった。

そして私は、このようなイーハトーヴの風土的形而上性をふまえて、はじめて賢治の次のような詩が真実に理解されてくるように思われるのである。

林と思想

そら　ね　ごらん
むかふに霧にぬれてゐる
蕈のかたちのちひさな林があるだらう
あすこのとこへ
わたしのかんがへが
ずゐぶんはやく流れて行つて
みんな

溶け込んでゐるのだよ
こゝいらはふきの花でいつぱいだ

このようなごくさりげない小編に、詩としては禁句に近い「林と思想」といったような大仰な題名をつけた賢治の心の働きに私は注目したい。そして私自身も何度これに似たような体験をもったことであろう。むしろこれは日常性の経験だといってよいほどのものであった。しかしながらこの「思想性」は、従来の和歌や俳句や並の詩型では、容易に表現し難い形而上性を帯びていてすべてが重厚であり、確かに宇宙的生命の発現とみる外なきものである。

それ故、私はいつの頃からか、このイーハトーヴの思想風土から、賢治のような奔放無量の詩や童話文学のみでなく、あるいはまた、「遠野物語」で知られる民話的表現を超えて、さらにユニークな哲学が生み出されるべき必然性について考え続けてきた。

なぜならハイデッガーもいうように、「歌うことと思惟とは、詩作の隣り合った樹々であって、それらの存在から生え出て、その真理に達している」ものであるからである。

そしてこのことを最も有力に裏付け、的確に表現しているのは、高村光太郎と谷川徹三である。

(2) 詩と哲学の根源

これまで私が触れてきた限りでは、宮沢賢治の最も本質的な理解者の一人と思われる高村光太郎は、賢治の資質の日本文学に占める意義について次のように的確に評価している。すなわち「日本文学史の中で、彼ほどドイツ語でいう所の『詩人《デヒテル》』という風格をもつものは少ないのであり、稀に見る芸術の一宇宙を体現した詩人であった。ゲーテやリルケが詩人であると同じ意味で日本文学にユニークな光芒を放つ詩人であった。詩の評価ではなく資質の問題である」。

しかしながら、この特殊な資質は決して閉じられた狭い地方的存在なのではなく、内にコスモスをたたえた普遍的存在であり、その真価は次第に横溢して民族の魂となる。高村光太郎はこの点をさらに次のように指摘している。

「内にコスモスを持つ者は世界の何処の辺境に居ても常に一地方の存在から脱する。……岩手県花巻の詩人宮沢賢治は稀に見る此のコスモスの所持者であった。彼の謂ふ所のイーハトーヴは即ち彼の内の一宇宙を通しての此の世界全般のことであった。」

それゆえ彼の詩編は、彼の本体から放出する千のエマナチオンの一つに過ぎず、自然現象的肉体そのものである詩作の雰囲気を帯びているのである。高村は詩人彫刻家としての抜群の洞察力で、まさにこのような人物こそ日本が久しく待ち望んでいた天稟の資質であり、日本文学史に占める独自の意義はそこにあるのだということを強調している。

しかしここで問題になるのは、賢治がゲーテやリルケが詩人であるという意味で、日本文学に光芒を放つ詩人であったとはどのような意味かということである。これは私にもはっきりと断定する力はないが、おそらくドイツ民族の最も源泉的詩人というべきゲーテが、生涯鏤刻の作というべき『ファウスト』の中で「一体この世界の奥の奥で統べているのは何か、そこで働いている一切の力、一切の種子は何か」と問うているように、詩作 Dichten と思索 Denken との深い響和性の中で実在の深みを表現したということにあるであろう。

このことはハイデッガーのリルケ論『何のための詩人か』*Wozu Dichter* を見ても、リルケの詩を通して、存在の主観性の中に見失われた近代形而上学の克服さえめざされているのである。

この意味でも賢治にとって芸術とは「……宇宙感情の地・人・個性と通ずる具体的表現であり、実生活を肯定しながら、これを一層深化、高揚し、遂に一切を究境地にまで導こうとする理念」を秘めたものであった。彼のいう「これからの宗教は芸術です」というのはこの意味である。このような芸術観は「美は世界を救う」といったドストエフスキーともどこかで深く響和する要素をもっている。もとより芸術作品や美的体験から、究極につながる道のみを抽出することは出来ない。むしろ問題はこの逆である。しかし漠然と予感された究極の輪郭には、いかなる思想家よりも確かな精神的レアリテが息づいていることも否定できない。

彼の作品が宇宙感情の地・人・個性と受肉し表現されてくる真実をめざすものである以上、そこにゲーテやリルケと同質のものが流れていることも偶然ではなく、そこに世界を映すものがあるとみてよいであろう。それゆえ、「注文の多い料理店」の中では、自分の作品はどんなにつまらなく見えるものでも、常に「正しいものの種子を有し、その美しい発芽を持つものである」とのべ、心の深部において万人共通の「事実」であると訴えている。

この意味で賢治の全作品は、道元の著作と等しく巨大な一個の「思想詩」といった趣きを持つものといってよいであろう。

高村光太郎と並んで、この点に最も深い洞察を見せているのは、谷川徹三の名著『宮沢賢治の世界』の中の次の文章である。

「私は茲で簡単に宮沢賢治という詩人の、日本文学の歴史に於ける意味とその位置とをお話したいと思います。この人の詩は、詩ばかりではなく、童話についてもそう言えるのでありますが、その中にいわば巨大な星雲を蔵している。それはその中から形而上学の星をも生むことが出来るようにも見えれば、時には科学の星をも生むことが出来るようにも見えるそういう星雲です。勿論そのものは形而上学でもなく、科学でもなく、甚だ感覚的でさえある表現をとっておりますけれど、そういうものがまだ分れない前の、凡ゆるものが萌芽のままで渦巻いておる混沌の状態であります。彼は〝空とゆききし雲からエネルギーを取れ〟とか、〝正しく強く生きるとは、銀河系を自らの中に意識してこれに応じて行くことである〟とか、『農民芸術概論綱要』の中で言っていますが、その詩や童話を見ると、実際そういうところがある。これを大宇宙感覚と名づけてもよいので、自然との交感といっても、これは大宇宙の原素的なものとの交感交流であります。その素朴な表現は、昔の日本でも人麿の歌や芭蕉の俳句などに見られるものですが、しかしそこには星雲的実体はない。つまり動き渦巻いているものがないので、全体にもっと沈静であります。ヨーロッパには古代ギリシャの時代からそれがあった。そしてそういう詩の中から形而上学が生まれ、科学の胎動さえそこにうかがえる。日本の詩歌はそういう潜在的なものを含んではいなかった。明治以降、われわれがヨーロッパの詩や哲学を受け入れて以降、日本の詩にも時たまそういうものが現われるに過ぎません。」

私はこの谷川氏の指摘は、彼の文学の最深部に迫る本質批評であると思う。なぜなら明治以降、藤村、有明、白秋、犀星、朔太郎と綿々と続いてきた一連の詩的概念が、宮沢賢治によって急転回されたというその根本理由がここで明らかにされているからである。その秘密とは、あらゆる可能性を秘めて、そこからロゴスや種々の美の形が創造されてくる母なる大地としての「星雲的実体」であり、村野四郎がいみじくも「神秘的物質の鉱脈」と呼んだものの白熱化・動態を意味するものである。

ギリシャの始源的哲学者アナクサゴラスによれば、根源を意味する「アルケー」とは、あらゆる可能性をもつ万物の種子（spermata）の如きものを意味したが、最初、これは渾沌の状態にあり、ヌース（理性）との出会いによって、多様なる万物を成立させる母胎の役割を持つものであった。

この思想はストアやアウグスチヌスのみならず、仏教の唯識説においてすら種子識として、主体的な潜在的可能力の形而上学として広く存在しているが、賢治の場合は、そのいずれをも含んで甚だ個性的なのである。

その意味で彼は典型的日本人であり、彼の人生の歴程を通して、精力的に摂取した宗教、哲学、思想、芸術、科学等々の一切の教養が、渾然と一人格の中に熔解されて、完全に肉体化し、それが高度のエラン・ヴィタールとなって純粋経験の閃々たる白光の放射として溢れ出るのである。

高村光太郎はこれを評して「彼は厖大な夢を有ち、真の意味における科学者の魂の所有者であり、宇宙自然の機微に参入し、殆ど無我の大まで到達した一個の全体球を成す人間であった」といっているが、この意味では彼は単なる外殻的形態の美を対象とする詩人ではなく、日本人としては稀な「思想詩人」であった。しかしこのことは何もイデオロギーのもとに詩をなすことを意味するものではない。

この意味で彼のいう詩的直観は、まがいもなく宇宙の意識を基底としており、詩人の意識が純粋となり、まことになった時、宇宙の根底が自己自身を意識する「場所」となる、そういう純粋経験をいうのである。

今になって反省してみると、私がイーハトーヴから学んだものは、この透明な「場所的感覚」だったような気がするのである。都《みやこ》から遠く離れ、「みちのく」として放置された当時の東北の地には、未だ処女のように純潔な宇宙意志の黙示が到る所に感じ取られた。

それゆえ、私がのちほど、西欧の哲学思想の研究に志すようになった時、心底でどうしてもなじまないものを意識し、遂に西田哲学に回帰して「場所的論理」を哲学の基底に据えるようになった根本理由は、おそらくここにあると思うのである。その意味で、イーハトーヴは私にとっても、まことに「詩と哲学」の根源であったということができる。

（3）精神の道程

このように人間精神の創造的母胎となる「星雲的実体」は、思想的にみれば広い意味で人間は自然の生命のあらわれのひとつであるとみる仏教的世界観に源があるともいえるが、しかしこの実体は宗派的・教義的なものであるよりは、むしろ東北の大地的自然と人間との永年にわたる土俗的な交感交流を通して次第に形成されたこの風土の歴史性に潜在する伏流が、賢治という一個の創造的天才を通して噴き出したとみるのが妥当であろう。彼の「童話」も「遠野物語」にみられるような常民の語り伝えと全く無縁なものではない。この意味で風土は常に私たちの運命を認識させる鏡であり、民衆の形而上学の媒体であったと私は思う。

私が岩手師範学校に学んでいる当時、心理学の教授から教わった言葉に「南部の人殺し」というのがあったが、これはおそらく、忍従の極、ついに激発する決定的な非凡と、直情の、南部の人のエランを表現する言葉ではなかったかと、今にして考えるのである。

私の体験に照してみても、この風土にはつねにホリゾンタールな極限状況がつきまとっていた。詩人村野四郎がいうように「岩手という地方にはどんな文明でも知りつくせない、あるいは知ればそれ自身破壊されてしまうような」という表現は、この極限を意味する究極の自然弁証法的な当体なのである。
この地方ではよく満目荒涼とした猛吹雪のさ中に、ふと天を仰ぐと、重い雲間の一角にあざやかに冴える星の輝きを見ることがあったが、この「南部の人殺し」と呼ばれる修羅の激情も、プラスに転化されれば並はずれた聖なるエランとして躍動することもあるのである。
賢治の大作「春と修羅」は、まさしくこの矛盾する風土性の鏡に仏教的世界観を映しとったものであると私は考える。

いかりのにがさまた青さ
四月の氣層のひかりの底を
唾《つばき》し　はぎしりゆききする
おれはひとりの修羅なのだ
　　　　(風景はなみだにゆすれ)

(……)
けらをまとひおれを見るその農夫
ほんたうにおれが見えるのか

まばゆい氣圏の海のそこに
（かなしみは青々ふかく）

前の断章は、光を望む修羅の姿を表現しているが、後の場合の農夫は、即自的大地の象徴として「おれ」を見ているので、「おれ」はすでにまばゆい気圏に所属する自己を指している。そこに天と地の出会いの場所を求めて「絶対」を探究する賢治の「大地的霊性的実存」としての姿が躍如としているのである。

梅原猛は、明治以降もっとも仏教的であったのはだれかとたずねられたら躊躇なく、それは宮沢賢治だと答えることにしているといっているが、この「純粋」さはいったいどこから出てくるか、その理由は色々挙げることができようが、私はその場合にもイーハトーヴの風土性とまったく無縁ではないと考えるものである。というのは、この風土には人間の運命を凝視させる何ものかがあるとともに、生きとし生けるものへの苦悩連帯の犠牲的優しさといった無限感情がその心理底に意識されているからである。

私がごく幼少の頃であったと記憶するが、ある寒さのきびしい雪の降りしきる日であった。私の家の前を珍しく山出しの木材を満載した馬そりが幾台となくつながって通っていったことがある。

私は一人でそれを眺めていたが、ずっと遅れてきた最後の一台が、片面を泥濘にめりこませて、動けなくなった。

馬は汗だくになって必死にあがき、はげしく鞭打たれながら引き上げようとするが、少しも持ち上らず、何度も何度も試みた末に、ついに鼻息荒く、どうとばかりに力尽きて倒れ伏したことがあった。

その時、これに逆上した百姓が、丸太をふるってこの無抵抗で重荷をつけた馬を背骨も折れよとめった打ちにした光景を目撃したことがあった。そしてこれはどういうわけか私の生涯忘れ得ぬ風景となった。

私はこの残酷な行為に、はげしいにくしみを覚えて、思わず飛びかかりたい衝動を感じたが、しかし一方ではどうしようもない幼年の非力と、恐怖と憐れさで、無念の涙を押えきれなかったことがある。

その時なぜか空から無限に降りしきる真白い綿のような雪と、訴えるすべもなく大地にはいずって苦悶する馬と、私の絶対の空間に向けられた祈る心が一つになって、私の無意識底に深く深く沈澱していくのを経験した。

これは私の体験した一つの象徴的出来事に過ぎないが、キリスト教に身を託した現在でも、私の意識の根底には、生きとし生けるものの「世界苦」の問題が深く刻みこまれているのである。

のちほど私はドストエフスキーの『罪と罰』を読み、ロシア的な宗教意識の深さ・確かさに異常な感銘を受けた記憶がある。

私のロシア文学やロシアの宗教哲学思想に寄せる実存的共感は、案外このような風土性に培われたものではないかという気がするのである。それゆえ、従来日本で翻訳されてきたような哲学や神学思想に接するとき、いかに優れた著作であっても、この生きとし生けるものへの救済感覚が満されない限り、どことなく空虚であり、決定的な不満が残るのもやむをえない。

梅原は「修羅の世界を超えて」という論文の中で、「『よだかの星』という童話は、近代日本文学が生みえたもっとも美しい、もっとも深い、もっとも高い精神の表現ではないかと思う」といっているが、私もこれに深い共感を覚えずにはいられない。

梅原は、宮沢賢治の作品の中には、西洋思想と仏教思想との苦悩に満ちた対決があり、そうした問題をおのれの問題として問わない限り、彼の提出した問いの深さは到底理解しえないといっているが、確かにこのことは霊性的実存の魂の造型の課題として避けることはできないと思う。

それはどのようなものかということを明確に表現することはできないが、例えばM・ハイデッガーが『野の道』（*Der Feldweg*）でのべているように、「野の道のほとりには、同じ一つのものの呼びかける声がいつもまたあらゆる所から聞えてくるのである」「野の道の呼びかけるこの声は、野道の空吹く風の中に生れ、野の道の声を聴き得る如き人々が存在するただその限りにおいてのみ、語るのである」（高坂・辻村共訳、理想社）といった「存在者の存在」の声なのかも知れない。

そしてさらにハイデッガーが意味深長に引用している「……語って語らざる世界の言葉において、神は初めて神である」というエックハルトの言葉を、私はイーハトーヴにおいて既に知っていたような気がするのである。

『野の道』は彼の故郷メスキルヒとその郊外を想わせる描写ではじまっているが、エゴン・フィエタによれば、彼が「存在」の呼び声に耳を傾け、生涯を思索に捧げる決意を固めていったのは、このメスキルヒの郊外の野を貫く一条の道の散策にあったという。

そのように考えてくれば、私を哲学に駆りたてた最深の動機も、この「存在者の存在」を黙示するイーハトーヴの大地ではなかったかと今にして思うのである。したがって先にあげた

「神秘的物質の鉱脈」とよばれる原東北的・形而上学的光輝は、いわゆるハイデッガーの「存在者の存在」の鉱脈から発するものではないかということが、はっきりと了承されるのである。

そして確かにここには、宇宙を貫く大生命の流れが、純粋な裸身のまま、そこにつつましく実在し、万象を通して顕現していた。それゆえに賢治は「雲から、光から、風から新たな透明なエネルギーを得て、地球にとるべき形を暗示せよ」と呼びかけることが出来たのである。そしてこのような純潔が私たちの魂を根底から医《いや》し、鉱泉にひたるごとくに生動せしめるのである。

賢治以後、このような風土理念を最も正確に感受し、それを自己に体現しようとしたのは高村光太郎であった。

それはなによりも『智恵子抄』の主題の反復でもある「メトロポオル」に最も典型的に反映しているように私は思う。

メトロポオル

智恵子が憧れてゐた深い自然の真只中に
運命の曲折はわたくしを叩きこんだ。

運命は生きた智恵子を都会に殺し、
都会の子であるわたくしをここに置く。
岩手の山は荒々しく美しくまじりけなく、
わたくしを囲んで仮借しない。
虚偽と遊惰とはここの土壌に生存できず、
わたくしは自然のやうに一刻を争ひ、
ただ全裸を投げて前進する。
智恵子は死んでよみがへり、
わたくしの肉に宿ってここに生き、
かくの如き山川草木にまみれてよろこぶ。
変幻きはまりない宇宙の現象、
転変きはまりない世代の起伏、
それをみんな智恵子がうけとめ、
それをわたしが触知する。
わたくしの心は賑ひ、

山林孤棲と人のいふ
小さな山小屋の囲炉裏に居て
ここを地上のメトロポオルとひとり思ふ。

幾遍歴の末、晩年岩手に隠棲するようになった高村光太郎は、イーハトーヴと智恵子像とを重ね合わせて、自我と対象の純粋な宇宙的同一化を、復活希求の愛の讃歌としての鎮魂の調べを歌いあげているのである。

彼は賢治が尊敬し、賢治が上京の折に訪問を受けたただ一人の有名詩人であったが、彼の内的な本領は彫刻志向にあり、その天性によって、イーハトーヴの理念を一層造型化し、魂の形を根源から彫塑化しようとしたことに私は注目したい。

次に揚げる詩は、一応詩集に挙げられてはいるが、その心願にいたってはほとんど誰にも注目されたことのない詩であると思う。しかし私からみるなら何人に限らず、みちのくの根源から精神の創造に立ち向かおうとする者にとっては、忘れ得ない真実の応援歌なのである。

岩手の人

岩手の人眼《まなこ》静かに、
鼻梁秀で、
おとがひ堅固に張りて、
口方形なり。
余もともと彫刻の技芸に游ぶ。
たまたま岩手の地に来り住して、
天の余に与ふるもの
斯の如き重厚の造型なるを喜ぶ。
岩手の人沈深牛の如し。
両角の間に天球をいだいて立つ
かの古代エジプトの石牛に似たり。
地を往きて走らず、
企てて草卒ならず、
つひにその成すべきを成す。

斧をふるつて巨木を削り、
この山間にありて作らんかな、
ニッポンの脊骨岩手《せぼね》の地に
未見の運命を担ふ牛の如き魂の造型を。

彼がおそらく自らのために刻んだこの独白《モノローグ》の詩を、どのように解釈するかは人さまざまであり、まったく無視することすら可能であろう。しかし私にはイーハトーヴの風土体験によって、「ニッポンの背骨岩手の地に」ということが何を意味しているかが、全重量をもって心底から理解されるのである。これはある人々がいっているような単なる農本主義的発想なのではなく、ある種の詩的形而上学・霊性的直覚なのである。そしてさらに私がこの詩に心動かされる理由は、彼自身がこの「詩と真実」を、晩年に及んでも身をもって生きようとするひたすらな誠意をもって「魂の造型化」を図ろうとしたその点にある。

昭和二十七年十月、彼は七十歳に達していたが、山中独居のイーハトーヴを捨てて、上京し、十和田湖畔の「二人の智恵子像」の制作にとりかかった。

のちほど私が聞いたところでは、彼はこの裸婦像のイデーに、岩手で接した働く農婦たちの健康な姿態と智恵子のイデーを織り込んで結晶させようとしたものだという。そしてそこには、彼自身の「魂の造型」と、文明再生への祈願すらこめられていたはずだと私は思う。

当然のことながらその出来ばえは一般の好評を受けるところまでいかず、失敗作とすらいわれているが、ただ私が独り十和田湖畔に立って眺めた感じでは、それは何故かしら自然の中で健康をとりもどし、本来的自己と出会った智恵子像に思えてくるから不思議であった。それがあたっているかいないかにかかわらず、私がなによりも深く共感するのは、彼が日本の近代彫刻の限界に身をもって挑み、生涯磨きをかけた西欧的手法で、一般に極めて至難とされている日本の裸婦像の課題に、沈深牛の如くに一切を投じて取り組み、重厚で健康な女性の永遠の原型である智恵子像を刻もうと苦闘したその創造的熱意である。

高村は、彼の精神的「道程」がなによりもよく実証しているように、彼は西洋にも東洋にも真の故郷をもたない相矛盾するケオスをはらんだ東京人であった。彼は東洋的新次元の中で「東洋をもう一度熔鉱炉にたたきこんで、東洋の性根が世界規格を突破するまで、むしろ渦状星雲の白熱熔点を堪えぬこう」といっているが、しかし現在では東西を含めた「世界自覚」が問われているのではないであろうか。

ドストエフスキーがいうように、新しい人間のよりどころは、常に「大地」と結びつくところにしか生じてこない。この意味では、イーハトーヴは、光太郎が直観したように日本に残された稀にみる原東北的根源性をもつ「精神の場所」なのであり、賢治の創作に盛られた天才的表現は、彼の卓越した稟質を通して放射された、日本人のいのちに溶融し普遍的に底流しているものの爆発的閃光であると私は考えるのである。

亀井勝一郎はかつて「日本の現代文学に欠けているもの」として、(1)神との対決の欠如、(2)罪悪感の欠如、(3)理想的人間像の欠如の三点をあげ、特に第三の点については、戦後の日本文学が解放された人間性の醜悪さや、デカダンスや性の露骨な姿を描く割に、例えばドストエフスキーの『カラマゾフの兄弟』におけるアリョーシャのような、清純で限りなく永遠的な人間像の国民的典型を生み出すことに成功していないといっているが、私はこの指摘は極めて重要であると思う。

この清純で限りなく永遠的なものの宇宙原素を、イーハトーヴの世界に感知し、賢治と等しく「雲から、光から、風から新たな透明なエネルギーを得て、地球にとるべき形を暗示」しようとした詩人彫刻家・高村光太郎の詩的直観には、なによりも根源から「魂の造型」に立ち向う者に必要な基本的姿勢がみとめられるであろう。

われわれは芸術家でも詩人でもないが、われわれの自己形成の必然として、心の奥深く、日本の大地に根を下した誠のキリスト像を生涯かけて造型しようと願う者である。

その時に、この母なる大地、イーハトーヴは、スケールの大きい、限りなく純粋で永遠的な国民的典型を生み出すことに貢献するのではないかということを、私はひそかに予感するのである。

(4) 実在する故郷

以上私は、いつも私の心の底流にあってまざまざと認識しながらも、なんとも表現しにくかった原体験を、私の思想遍歴のプレリュードとして評論様式で把握しようと試みた。

その結果、これまでの私のささやかな思想形成の足跡を振り返ってみる時、「私」という「現象」は、結局は風土の子「イーハトーヴ」という大地に生まれ育った「生命の樹」のようなものとして自らを意識する。

そしてハイデッガーが先に挙げた「野の道」という作品で語っているように、風土性が伝える自然の真実は、次の槲《かしわ》の木の比喩になによりも的確に物語られているのである。

「……成長するということは、空遙かに枝を開くと共に、また同時に大地の闇の中に根を下すことを意味する、と。また人間が等しくこの二つの在り方を示す時、即ち、最も高き空の呼び声に耳を貸し、かつまた支えもつ地の保護に保たれる時、その時にのみすべての堅実なものは栄えるのである。」

このように私の風土体験は故郷体験の基本をなす大地性の体験であり、ハイデッガーの体験も、堅実なものに関する現代の「世界体験」として、私はある種の深い実在的交響を感ぜざるを得ない。

イーハトーヴは、あらゆる「可能性の世界」とよばれるように、現実を四次元にまで延長し、大宇宙とのユニティを体験した世界であり、美的であると同時に宗教的であり、感性的であると同時に精神的でもあるような、すべてを包む母なる大地であって、すべてそこから生え出る個性的な「生命の樹」は、すべて自己に即して真実をその大地から各人各様に汲みとり得るのである。

私はこの可能性の世界から「魂の造型」の課題をかかえてカトリシズムに踏み込んだものであるから、「支え持つ地の保護」は賢治や光太郎と同一であっても、「最も高き空の呼び声」はすでに福音的・ロゴス的な御言葉の呼び声なのである。

しかしこうして、従来の日本的精神的風土を脱却して精神的遍歴の旅を続ければ続けるほど、この故郷性はいっそう実在性を増してきて、そこから永遠なるロゴスが自己内生に誕生してくる場として迫ってくるような気がしてならない。

それゆえ、境忠一がその著『詩と故郷』において、近代化の果実を得ようとして故郷を失った明治以後の多くの詩人たちの運命を扱いながら、賢治と光太郎を「実在する故郷」の項目で扱っているのは、実にすぐれた見識と根拠をもつといってよいであろう。

イーハトーヴはこのように「実在」と関係するゆえに「哲学」とも無縁ではなく、しかも、実在の永遠の故郷を指示する宗教とも関係するのである。哲学者・田辺元が、その晩年『哲学と詩と宗教』という大著を企画した思索的意図は、その意味ではまったく正しかったが、しかし中途で放棄せざるを得なかったのは、ハイデッガーやリルケ、ヘルダーリンと対決する自らの根拠に、それを統合する大地性の不足を自覚したからにほかならないであろう。

そしてこの現実の四次元的真実の全容を受けとめるためには、近代的思惟に即して、それを真実に乗り越えた「霊性的実存」の自覚をもつ必要があると私は思う。したがってイーハトーヴの大地から生い立つ哲学は、あくまでも霊性的実存の形而上学の性格をもち、その中に哲学と詩と宗教を包括するのみか、科学とも接する「全一学」の趣きをもつものであろう。

しかし、ではこの「霊性的実存」の特質を手短かに表現せよといわれても極めて困難であるが、私の知る限りこれをカトリシズムとの関連で、最もよく示しているのは、ティヤール・ド・シャルダンの次の告白であろう。

「いっさいのものについて、なにか《絶対的なもの》を所有したいという要求が子供時代からのわたしの内面生活の主軸だった。」

「この年齢のさまざまな楽しみのなかで、わたしは（いまでもまざまざと憶えているが）一つの根本的な歓び、つまり、何かより貴重なもの、より安定した、より変質しないものの所有、ないしは想念との関聯においてしか幸福になれなかった」とのべている。

ここで彼は、少年時代の極めて柔軟・敏感な魂のはたらきで、本能的・直観的に、生きとし生けるものの現象的はかなさと脆弱さを体験し、この世で何が確実で不滅なものであるかをひそかに予感し、その対象をひたすらに追い求めている。

最初少年らしい収集癖にかられて変わらない「鉄という神」をやたらに集めることに没頭したというエピソードは、彼の豊かな霊性と科学者の両方をあわせもつ資質をひそかに暗示するものであろう。

「やがて私は地質学を学ぶようになるが、人びとは、ただわたしが科学者としての生涯に好運を賭け、それに確信をいだき、成功していったのだと信じるかも知れない。しかし実際には全生涯を通じて（たとえ古生物学を犠牲にしてでも）かの大きな火山岩塊や大陸の基底の研究へ抗いがたくわたしを導いていったのは、存在の普遍的な一種の根、ないしは子宮ともいうべきものとの接触（融合的接触）を維持しようという飽くなき欲求にほかならなかった。」

（山崎庸一郎『ティヤール・ド・シャルダン』講談社現代新書、二五頁）

私はこの全人格的共感を覚える言葉の中に、特に「存在の普遍的な一種の根」という言葉に着目したい。ティヤールは、このような「根源の場所」を求めて地球を遍歴したのであったが、この意味では、イーハトーヴ岩手の世界空間を限なく遍歴した賢治の資質と大いに共通するものがあるとみてよいであろう。

しかし彼は、一方ではこのように一切が「そこからそこへ」である「存在の母胎」に回帰する傾向とともに、他方では「精神の宇宙」を集約化し、燃え立たせる超自然的パン種を求め続ける傾向があることも注目すべきである。

これはドストエフスキーの代表作『カラマゾフの兄弟』の中の理想的典型ともいうべきアリョーシャのモデルという噂すらあったロシア最大の魅力的哲学者、ウラジミエル・ソロヴィヨフの『神人論』に表現されているように、宇宙的自然史の全過程が、キリストの人格化へと集約してくるあの独創的史観との深いつながりがみられるのである。

シャルダンは、この自らの精神的傾向を、伝統的なキリスト教神秘主義が、母の信仰を通じて母乳と共に流れこんできたものであるといっている。そしてこのようにティヤールにおいては、いわゆる「地の子」と「天の子」は、分ち難く結びついて「星雲状の組成」を成していた。そして彼はいう、

「これが私のクレド、宇宙は前方と上方に、進化しつつ集中されてゆく――キリストはその中心である。」

こうみてくると、彼のいわゆる「神の場」(Le Milieu Divin)の思想は、彼の科学的思惟の奥にあって、自然と超自然を一つのものとして「自覚」する霊性的大地的実存の典型的軌跡をえがいており、ニヒリズムを透化しつつ、現代に再生しようとする力強いキリスト教的霊性と魂の造型への新たな課題を荷うものであることがよくわかるのである。

しかし彼の場合、この「神の場」の思想は極めて直観的であり、それの真の論理構造が正確に把握されているとはいい難いのである。そしてシャルダンの思想によって、果たして東洋の深奥な霊性的・形而上的遺産は、真に世界化し、キリスト教との同伴者たりうるであろうか。

私はそこにむしろ東洋的基盤からのアプローチの必要を痛感するものである。そして一方、

日本人の絶対者意識を真に世界的なものとして開花させるためには、日本的霊性とキリスト教はその最深の基盤から出会わなければならない。

この意味で日本的霊性的実存は、リルケのように「未来の神の巡礼者」として、新たな一歩を踏み出すべき地点に立たされているといってよいであろう。

二　父を求めて

（1）帰郷

毎年八月もお盆に近い頃になると、上野駅はいつもの通り帰省を急ぐ人たちでごった返す。私もそうした群衆の一人として、今年も東北線の列車に乗りこんだ。

「君の帰郷は、一種の巡礼ではないの……」と同僚の一人がつぶやいたことがあったが、これは案外に私の核心にふれる指摘であった。

それにしても最近あらためて思うことは、福島から仙台を経て岩手に入る頃、かつてはあれほど多かったかやぶきの屋根は、もう絶無に近く、都会風の建物が急速に一般化してきたということであり、運命的に貧しかったこの地方にも、文明の潤沢さが今、ようやくすみずみにまで滲透しはじめたような印象であった。

それと同時に、岩手の人間にとって特に忘れ難いことは、中央の平野部を縦断する北上川が、松尾鉱山の排水による汚濁から救われて、本来の清冽な流れに変貌したことであり、かつてそれを悲しんだ私には、奇跡のようにさえ思われてならなかった。

私の故郷である東和町東晴山は、東北線の花巻駅から、釜石線にのりかえて、民話の宝庫として知られる遠野に至る中間地帯にあり、山あいのわずかな平地をぬうように猿ヶ石川が蛇行する景勝の地である。

そしてこの猿ヶ石川がはるかに下って花巻付近で北上川と合流する地点が、宮沢賢治によってイギリス海岸と名づけられた場所であり、一種独得な夢のある風景となっている。

私はいつの頃からか、この花巻を基点にして、東は遠野、北は盛岡、南は一関にかけて、奥羽と北上の二つの山系にかこまれたこの地方は、その中で永年生活した者にとっては、一種独得な形而上的風土であると考え続けてきた。

いつも私の内面に黙示のように感知し続けてきた精神的風土性を説明することは至難であるが、なにか宇宙的生命の種子のようなものが到るところに散在しているように思うのである。それは日本の各地ではすでに見失われてしまったようなアニミズムの鉱脈といったものであるが、これが最も根源的な普遍精神を形成する素材になることは、誰にも知られずにきた。

この精神の鉱脈をいち早く感知し、これを縦横に形象化して、宗教や科学や文学に、新たな四次元的統合をもたらそうとしたのは宮沢賢治であったが、彼は決して孤立したアウトサイダーではなく、やがて時満ちて無限展開にいたるような、根源現象の一典型なのだという気がするのである。

考えてみれば、賢治によってイーハトーヴと呼ばれたこの「みちのく」の精神風土には、飛鳥や奈良にはじまる王朝文化の北限として、それには容易に同化されにくい原初的な野生と蒙昧の地の流れが心の核に残存しており、明治以降のヨーロッパ文化の受容と摂取にも、表面上はともかく、その深層においては決してなじまない大地的精神が一貫しているのであって、これが今後独自な哲学を生み出す基盤になるはずだという気がしてならない。

ここには何かそういう精神の巨大な鉱脈が内在しており、同時にそれがまた深い「存在の故郷」を形成しているようにも思えるのである。

賢治は「雲から、光から、風から新たな透明なエネルギーを得て、地球にとるべき形を暗示せよ」といっているが、確かにこの地方には、詩的根源から開示されてくる大自然の生命の透明な輝きが、そこかしこに感知することができた。そしてこれが私たちの魂を根底から医《いや》し、狭い自我の殻を破って、果てしない世界へと生動せしめるのである。

その場合、この大地的自然に根ざす宇宙感情は、なにか存在への極限の想起を伴い、また遙か彼方を望見させるという意味で常に私の哲学的衝動の源泉であった。

この意味で私の帰郷は、単なる郷里に向うふるさとへの帰郷というよりは、母なる大地への帰還であり、存在の故郷への巡礼なのだと心ひそかに考えるのである。

（2） 母なる大地

帰郷に託して以上のようにイーハトーヴを思索するとき、ここではしなくも想起されるのは、ペーテル・ウーストの「帰郷する思惟」と「冒険する思惟」の弁証法の思想であるが、これに従って考えると、帰郷する思惟の究極にあるものは、私の場合はどうしても「原初的自然性」としての母なる大地である。その意味で私の哲学は、いかに素朴であれ「大地の哲学」の形態をとるものといえる。なぜなら善かれ悪しかれ、そこに私の自己確立の根があるように思われるからである。

しかしながらこのことの明確な自覚は、この土地を離れて都会生活をしている間に自然に形成されてきたものであって、もし岩手の風土に無自覚にひたりきっているとしたら、帰郷への郷愁も、存在の基底から湧き起ることもなく、大地という印象も即自的なものにとどまることになったであろう。

しかし考えてみると、母なる大地という言葉は、日本の箱庭式の景観にはふさわしくないように思われるが、イーハトーヴで育った私の「心象風景」の中では、比較的自然に湧いてくるのであって、「形而上的風土」と私がよぶのはそのためである。

しかしそれでも幾分不安定な感じで、あれこれ考えた末に、イーハトーヴ・ロシア的大地と呼んでみたこともあったが、しかしこれは今考えてみて意外に根拠があるような気がするのである。

それは一切万物が同根である母なる「原初的自然性」を離れては本当の自己確立も、創造的思考もありえないと考える点で相互になにか、似通ったものがあるように思う。

それゆえ「世界全体が幸福にならないうちは個人の幸福はあり得ない」という賢治の発想も、宇宙的生命によって共に生かされている連帯の意識なしに出てくる言葉ではない。

そしてこのことは私に、縁起に基づいた法華経の宇宙的生命感との照応を想起させるが、しかし一方では一切真実の根拠としての、まことの世界の如実の相を、あるがままにのべているのであって、これには宗派を超えて、何人も共感せずにいられないものがある。

考えてみると、賢治にみられるような「原始的自然性」の探究は、十九世紀ロシア文学の主題となった人間における無垢の自然性の探究と軌を一にしており、それは「ヨーロッパ化されて自己の根を喪失してしまった」インテリゲンツィアが、自己の根源に立ち還って出直そうという運動であったが、私の場合にも幾分これと似たような精神の力学が働いているように思われる。

もちろんイーハトーヴは、広大なロシアの風土とは比較にならず、あちこちが入りくんだ盆地になっていて、米山俊直が『「東北」論（エナジー対話第21号）』の中で語っているように、その自然全体の参画感は、大地とはいっても、むしろ「小宇宙盆地」を形成するにすぎない。

しかし私の受ける感じでは、私の住む小宇宙盆地は自ら完結する生命をもちながら一つも固定しておらず、つぎつぎに他の「小宇宙盆地」とつながりつつ、有機的なマクロの星雲的実体を形成する点では誠にユニークである。その意味でこの母なる大地はすべてを包んで生成する創造的モナドのようであり、ここには日本文明全体の基礎を問うような透察力が秘められているようにも思うのである。

私はこれまで、こうした東北的心性の根をもちながら、都会に出てやがて西洋哲学の研究を志した時に、最初こうした土俗的なアニミズムの精神のようなものを、根こそぎ否定して、厳密な理性の要求に従うことが真の哲学であり、真の論理であるかのごとき錯覚を抱いたことがあった。しかし自己の存在の中核をカオスからコスモスに移し植えれば植えるほど「汝自身を知れ」という命題との間に微妙な亀裂が生じ、自己破綻につながることがわかってきた。つまり「原初的自然性」をかかえこまない自己確立など、私の場合には自己欺瞞としか思えないのである。

なぜならハイデッガーも、その美しい哲学詩「野の道」(*Feldweg*)で触れているように、「宇宙的生命」の「同一なるもの」の呼び声は、抽象的一般者の場を避けて、むしろ単純なもの、人目をひかぬものの中に宿り、すべてのものに融即する詩的な「心象風景」の内に投影し、その全一的真理を告知するものであるからである。


それにつけても、帰郷の途次、イーハトーヴの野の道を歩みながらよく想い出すのは、次のような素朴な心象風景である。

それは小学生の頃、放課後に学校からまっすぐに続く山あいの田圃道を通って、独りで家路を急いでいる時に、すでに廃齢となって毛並にもつやがなく、ところどころに栗毛がむしりとられたような斑点のある農耕馬が、馬喰にひかれて、ゆっくりと屠殺場に向う姿を見たことがあった。

このことは広い大地の上での素朴な光景にしかすぎなかったが、しかし私はただこれだけの経験に生涯忘れ得ぬ印象を受けた。それは漠とした印象でありながら、労働の果てに迎える生きとし生けるものの死の運命を予感させ、世界の亀裂と、人生の疑惑への端緒を形成したものであった。

このような素朴な「共苦《ミットライデン》」という感情を伴った運命凝視力は、人知れず多くの疑問を投げかけるものであるが、その回答はあるわけがなく、私が学んだ学校体系の中にも、近代思想の中にも、なんらこうした大地のこころにふれる発想がなく、目的論的な合理化がせいぜいであった。

しかし宮沢賢治の作品には、私たちがこの母なる大地で実感し、思索せざるを得なかったすべての素材が、あるがままに集約されており、驚くほどの根源性をもって迫ってくるものがある。

彼の文学は「根源現象」としての人生と自然を対象とし、「すべての悩みをたきぎと燃やし」、すべての心を自分の心とし、無意識と意識が交錯する世界から創作しようとしているが、このような「存在のこころ」にふれた作家は、近代ではほとんど他に例をみない。

谷川徹三は賢治の文学を「まことの文学」と規定しているが、この意味で適切であると思う。その場合にもこれは単なる心情的「まこと」ではなく、大地的生命の顕現としての「存在的まこと」と受け取るべきであろう。

彼が作詞・作曲して常に愛着をもっていたといわれる「精神歌」には、「大地とまこと」の象徴的な関係が端的に示されているが、これはまた私の大地の哲学の根本図式でもある。

日ハ君臨シ　カガヤキハ
白金ノアメ　ソソギタリ
ワレラハ黒キ　ツチニ俯シ
マコトノクサノ　タネマケリ

(3) 愛と認識の出発

このように私にとっての母なる大地は、賢治のいう「まことの草」の母胎であり、あらゆる普遍的なコスモス感覚を内に含み、常に新しいもの、異質なものを受容して、再生産する全人間的な包摂の場体制をさすものであった。

この意味ではこのイーハトーヴ・ロシア的大地は、西田幾多郎における「場所的論理」の哲学構造と深く対応するものをもっている。したがって私が後程哲学を学ぶようになった時、西洋哲学を超えて、西田哲学に究極的な思索の足場を見出したことも決して偶然とはいえない。

しかし私には、この故郷の母なる大地に無限に深まり行こうとする精神的衝動とともに、その包摂的円環的なものをふまえて、さらに逆方法に、超越的な父なるものに向かう止みがたい傾向があり、これが私にキリスト教を発見させる原動力になったような気がするのである。そしてこれが私の思想性格を規定するもう一つの根本的な要因である。

このような私の心性は、どのようにして形成されたものか不確定であるが、少なくとも宮沢賢治のように、世俗的にも確乎とした実務的な父親とのはげしい対立と宗論的確執の上に形成された思想と違って、父の「不在」から出発しているのであるから、自ずからそういう形になるのであろう。

私の父は軍人であったが、私が誕生して間もなく交通事故で死亡したと聞かされており、当然のことながら私の記憶にはまったくない。ただいつ見ても三十代の若々しい表情で、仏壇の上の額縁のはまった肖像画姿でこちらを見下しているのが印象的であった。それから成長するに及んで、母とか近隣の人たちから、父の生前の様子をいろいろ聞かされるにつけ、その影響が次第に好ましい形に増幅していき、私の意識の中に深く定着していったことをよく覚えている。

それゆえ、私が父から直接影響を受けたことはなに一つないといえるが、しかし「不在の父」を求めてそこから学びとったものは無数にある。それは生活上の困難とか不自由とかには全く無関係で、そういう点で私は不満を感じたことはなかった。

ただ人間の精神形成のバランスからいって、視力を失った人が、逆に鋭い感覚を所持するに至るように、普通の人には気のつかないあらゆるものを通して、父なるものの「非在の声」を聞き、精神の支柱となるものを求めて果しなく遍歴したということはいえると思う。

青年期になってツルゲーネフの『父と子』を幾度となく読み返したのもそのあらわれであったかも知れない。そのほか私にとって父なるものは、時に故郷の山頂に雪をいただいた清冽雄大な北上山系の景観であったり、教師のさりげない態度や表情であったり、学徒動員で経験した飛行場での軍隊の規律であったりした。また後年カトリックと出会った時、修道士や司祭とよばれる人たちの魅力ある人格と信念体系に鋭敏に反応していった下地には、なにか超越的な父なる「非在の声」を求める私の性向が多分に関係しているのかも知れない。

また私が大学の専攻をきめるにあたって、哲学科を選んだことも、非在を超えて真の「実在」を探究する実存への覚醒を促したという点で、このことと深くかかわるのである。

このようにして、私の人生は、「不在の父」への探究を通して、究極的にキリスト教と出会い、「天にましますわれらの父」を発見するに及んで一転回を画した。これが私にとって結果的に外へ外へと超越する冒険的思惟の道となったが、しかし、その傾向が強まれば強まるほど、逆に、母はこれと違って、最も確かな私の大地となった。

さきにあげたような理由で私の母は若くして未亡人になっており、戦時中は一町何か村かにまたがるただ一人の助産婦として活躍し、生活をたてた。昼間は農業のはげしい労働に耐え、あとは村人の求めに応じて、夜となく昼となく東奔西走していた姿が眼に浮ぶ。

私が中学生の頃、ある時は睡眠不足から、食事中に居眠りをして茶碗を落すのを見たことがあったが、常日頃なんの苦情も聞いたことがなく、徹底的に自然で明るい無私の精神に生きた。この名も知れぬ庶民の英知とエネルギーはどこから来るのか、いつも不思議に思われたが、宮沢賢治の「雨ニモ負ケズ」の詩は、そうした大地の心と決して無縁ではなく、この詩と真実な私の母の姿にこそ最もよくあてはまるものであると常々思っていた。

そのためか私がやがて上智大学に入学してカトリシズムの信仰にふれた時、その全貌は容易に理解できるものではなかったが、ただ聖書にいわれている福音的愛の教えや、アウグスチヌスの『告白録』を流れる求道的精神と母モニカの役割などは、かなり深い心の層で共鳴し、全人格的に受容し、移植することができた。

こうして私が一人の母というよりも、むしろ「大地としての母」から学んだものは、この世において至高の価値をもつものは、何よりもアガペーとしての愛であり、真実の愛は自己否定の論理をもつという確かな手ごたえであった。そして私はその最も究極的な絶対的身証を、聖書が伝える神の愛の中に見出し、その啓示様式が、父と子と聖霊の三位一体的連帯に於てあることを次第に自覚するようになった。そしてこれが私の「愛と認識の出発」を根本的に規定したといえる。

帰郷のたびに私は、東和町と猿ヶ石川の流れが一望の下に見下せる小高い丘の上にある父の墓を訪れるが、その磨かれた墓石には、青い空を映して、「勇徳院鉄心敢行居士」と刻まれた文字だけがあり、ありし日の姿をわずかに伝えている。

私はしばらく眼下にひろがる小宇宙盆地を眺めながら、風土体験から歴史体験へ、そして最後に宗教体験への長い風雪に堪えた精神遍歴を思索するのである。

三　魂の造型

（1）　敗戦と歴史体験

これまで私は「イーハトーヴの故郷」と「父を求めて」を通して、いかに私の心性がみちのくの風土に規定され、土の子としての特性をもつかを反省してみた。

しかしこのような私に「岩手の風土体験」を越えて、より動的な歴史的自覚のはっきりした深層体験をもたらしたのは、ほかならぬ大東亜戦争という竜巻のような異常現象であった。

今から三十数年前、敗戦という形で終わりを告げたあの戦争は、およそ三百万の同胞を犠牲にし、この島国を廃墟と化し、私の素朴な信念体系を、一夜にして、根こそぎくつがえした有史以来の大戦争であったが、それが総力戦にまで追いこまれたために、どんな田舎の片すみに生活していたとしても、洗いざらい津波のように、一人のこらずまきこまれ、はげしく翻弄されることになったのである。

私が幼い頃、野原でチャンバラごっこをしたり、スキーで一緒に山野をかけめぐって遊んだり、指導したりしてくれた村の健康で気のいい青年たちは、やがて重い労働を家族に託して、次から次へ出征していったが、特に太平洋戦争の緒戦に参加した世代の若者たちは、二度と郷里の土をふむことはなかった。

小学校の上級に達した頃には、出征兵士を見送るために、先生に引率されて、部落の中央にある停車場に、日の丸の旗をふりながら、よく見送りに出かけたことを覚えている。当時の私にはもとより戦争という事態を解釈する力はまったくなかったが、ただ現在でもはっきり記憶しているのは、見送りの万才、万才の歓声のどよめく中で、どういうわけか、一人でよく泣いていたということであった。

私はたいていのことには我慢強いつもりでいたし、めったに泣くこともなかったから、このことは何故なのか、いつも不思議に思われてならなかった。

しかし後日、岩波新書版の岩手県農村文化懇談会編『戦没農民兵士の手紙』を読んだ時、はじめて私の魂の秘密を解読できたような気がした。

そこには例えば、まったく素朴な次のような手紙もあって、それがなぜかその折の情感と重ね合わせになるのである。

「オカサン（おかあさん）オテガミアリガトウ。ナガクナガクシツレイイタシマシタ。オユルシクダサイ。キヨミハハヅメテ、タマのシタヲクグリマシタ。タマハヒトツモアタリマセンデシタ。マタ、アシニマメモデキマセンデシタ。ミナ、オカサンノオイノリト、フカク、カンシヤイタシテオリマス。（中略）オカサン、カラダニジユウブンキヲツケテ、オクラシクダサイ。ソレカラカミマイリヲ、イタシテクダサイ。キヨミ。」

編集者によれば、こうした手紙を残して死んでいった一人息子の兵隊はいくらもいて、その母親は、仏壇深くしまいこんでいるこの手紙を、折にふれてはとり出し、人知れず泣いたという。

事実これと似たような事例は、私の近所にもあって、祖母からよく聞かされていたし、終戦間際には、戦死した英霊たちが、次々とこの故郷にも帰ってきていた。従ってそれが重い労働を背負ったその一家の長い将来にどんな負担が及ぶかの運命直観が、子供心にも十分察知できたから、歓呼の声に送られて出征兵士が向かう、はるかな未知の歴史的空間が、やがて受難の場になることを感じて、その別離の予感に泣いたのだという気がするのである。

しかしこのことは、なにも日常における子供心の無邪気さと陽気な明るさの反面と少しも矛盾するものではなかった。ただ私がかつて屠殺場にひかれていく馬によせた同悲の視線が、より深く歴史の場に向けられたのだと考える方が自然かも知れない。

しかしそれにしても、いつもは物憂いほどに静かで平和な一寒村に、外からなだれこんでくるこの戦争という鉄の強制力は、いったい何なのであろうか。当時の戦争讃美一辺倒の風潮の中で、黒雲のように湧きあがった一抹の不安と疑惑は、私の生涯に消えない印象を刻んだ。それは反戦などというある種のイデオロギーではなく、もっと根源的な「存在の裂け目」というか、ハイデッガーのいう「原闘争の世界」を、無意識の中で、しかと体験したような気がするのである。

中学三年の頃になると戦争はすでに末期的な症状を呈し、私たちは東北から急遽動員されて川崎に近い軍事工場で働くようになった。これは私にとって、ほとんどはじめての離郷経験であったが、ようやく東京の土を踏んだ時、上野駅付近は、B29による猛爆の直後で、見渡す限り焼野原となっており、あちこちのコンクリートの建築が真赤に燃えあがり、美しい夕焼けをさらに紅蓮の炎で彩っていた。

工場勤務になった後にも、次々と飛来するB29の流麗な機体を眺めながら、この世界戦争の正体はいったい何なのか、なぜ、なにも知らない田舎者がいきなりこんなにすさまじい猛爆を経験しなければならないのかと、心の深層でふと考えることがあった。

今ふりかえってみると、こうした素朴な体験と問いが、私の歴史意識のはじまりであったように思う。そしてこのことは、それまで自然に向けられていた運命凝視力が、次第に歴史に転化されて、一層実存的になっていくのが、その特徴となっている。

(2) 大きすぎる課題

以上のことは、まったくめだたない私の意識の一断面でしかないが、戦争に参加した世代というよりは「垣間みた世代」として、やはり免れえぬ本質規定である。そしてやがて経験した敗戦による劇的な価値転換の衝撃は、私の心の深層に生涯忘れえぬ痕跡を残すことになった。

これがもし私たち以上の年齢であれば、ある程度の対応調節は可能であったかも知れないし、また反対になにもわからぬほど幼ければ悩むこともなかったであろう。しかし幼い時から皇国史観をたたきこまれ、これを土台にして自己を築きつつあった時期に、いきなりその前提がつき崩されたために、精神的に根こそぎにされたまま、ある種の歴史的ニヒリズムを経験することになった。

それというのも戦時中の教育や皇国史観はまぎれもなくある種の絶対性をもってわれわれに臨むものであったから、その絶対性の否定は、私の心に決定的な空白をもたらした。したがってその空白は歴史的ニヒリズムの様相を呈し、これに代るべき人生の生存根拠が一体何であるかということは、幼い考えながら、感性としては実に深刻な問題であった。

またその矛盾点に立って、日本の知識人の言動に目を移した時、その豹変ぶりはともかくも、その世界観的な背景の浅さにはいたく失望させられた。その意味で私たちの世代は、どんなに幼稚だろうが未熟だろうが、そのニヒリズムの深底におもりを下し、暗中模索しつつ途方もない時間を費やして、自分の足場を築いていかなければならなかった。

そしておそらくこうした体験が私を哲学へと導き、極めて実存的な歴史の根拠への思索を深める契機になったような気がするのである。その意味で、敗戦は、私にとってある種の宗教的な回心に近いものを経験させたということができる。

戦後、私は盛岡の岩手師範に在学し、教師を志していたが、当時は健康を害していて、とうてい現場は無理であり、今はさしあたりなんとかして人生の支柱となるものを見出して自己確立を図りたいと考えたこともあって、教育学よりはさらに根源的と思える西洋哲学の研究を志した。

その際、上智大学をえらんだ理由は色々あるけれども、最も直接の動機は、散々将来のゆくえに迷いながら、盛岡の古本屋で偶然手にした、カトリックの哲学者・吉満義彦の『哲学者の神』（みすず書房）を一読し、深い感銘を受けたことにあった。それは小冊子ながら、類書とは違って、私の魂の要求と深く相共鳴するものを直観した。

そこでは主にデカルトとパスカルの問題が中心に論じられていたように思うが、それにとどまらず、トマス・アクイナス、ペギーとベルグソン、ポエジーについて、また「象徴的女性」や「復活と人類の哲学」といった文章など実に異色であり、宗教と哲学と詩がひとつになっていて、まったく未知なカトリシズムの深奥な霊的遺産を、垣間見させていた。

私はその時までカトリックをほとんど知らず、まして上智大学の名も一度として聞いたことはなかったが、そこには単なる哲学を超えた、これまで日本人が本格的に経験したことのない限りない精神の鉱脈が伏在し、しかもそこに生きた統一理念が流れていることに心ひかれた。

また上智大学入学後に、私の思想形成の方向に決定的な光とはげましを与えたのは、いつか毎日新聞に掲載された亀井勝一郎の「混乱の中の人間形成」という一文であった。

これはごく短い文章であったが、それははっきりと昭和初年代から十年代に生まれた人たちへの呼びかけとして書かれており、特にわれわれが時代史的に果すべき精神的課題が何かを指示した珠玉の批評であった。

亀井はこの中で明治、大正、昭和と三代にわたって紆余曲折をきわめて展開した近代日本の思想の動向を七つの類型に捉えて分析され、これが戦後一挙に表面化することによっていかに混乱するに至ったかを的確に指摘し、しかもこの混乱になんの準備もなしに素手で直面しなければならなかった私たちの世代に、深甚な同情を寄せていた。

しかし一方でこの世代の長所としては、戦後の自由によって、明治以後の思想の一切を検討しうる機会をはじめて公然と持ちえたことであり、その長所も致命傷もすべて背負う覚悟で、その混乱を洗練していくという課題があるはずだと強く訴えかけていた。

そしてこれは誰が考えても入口すらわからぬほどの「大きすぎる課題」ではあるが、人はその担った重い課題によって鍛えられて生長するのであり、もしこれを避けるなら昭和生まれの甲斐はなかろうとまで極論されていた。私はこの提言に非常に共感すると同時に、まったく私なりにこれを遂行してみようというひそかな決意を抱いたものだった。

しかしこのことは、今考えてみれば、亀井自身の自問自答を、私たちの世代論として表現したものに相違なく、彼が昭和三十四年から書き続け、ついにその死によって中断された大作『日本人の精神史研究』は、たとえ未完に終ったとはいえ、これは現代日本を見極めようとする氏の身をもってする回答だったのではないかという気がするのである。

（3） 解決への方向

ところが、これに対して私がたどった探究の方向は、はるかに迂遠な道であり、カトリックと日本的霊性の出会いを求めての長い思想の旅であった。

はじめはなにも知らずに哲学を志したために、ハイデッガーを中心としたドイツ哲学に興味をもったが、しかしそれだけでは私の魂の直接の要求に根本的解決を与えないような気がして、近代をはるかに遡行し、H・デュモリン師の指導によって、アウグスチヌスの研究に専念することになった。

その場合、アウグスチヌスに視野を転じさせた有力な見えざる手としては、すでに吉満義彦の著作からの暗黙の影響が前提されているようにも思われるが、しかし直接には吉満の最も親しい霊的な友であったデュモリン師の促しであり、ここで本格的なアウグスチヌス的精神に触れることができたことは、生涯の幸いであった。

そしてアウグスチヌスの著作の中でも、特にその代表作とでもいうべき『告白録』と『神国論』と『三位一体論』の人生論的な深奥な思索と歴史哲学的精神には、実に心魂をゆさぶるような深い感銘を受けた。そして私が求めている究極の支柱を、アウグスチヌスがすべてを賭けて指示している三位一体の神の中に見出すことになった。アウグスチヌスは最初の近代人といわれるが、そこには現代さえ超えて、私の「魂の造型」に必要なあらゆる要素が備わっているように思われた。

しかしここまで探究の歩を進めて途中で気がついたことは、それだからといってアウグスチヌスやトマスの研究家になるつもりはなかった。この点私は従来の哲学や思想の研究家たちがヨーロッパ哲学に対してとる姿勢よりも、むしろ亀井勝一郎のような自己探求的アプローチにより大きな共感をもつ。そのことはあくまでも自己形成の素朴な足場を離れずに、自らの思想課題を追求しなければならないということであって、たとえ信仰は共通であるとしても、信仰の大地がまったく違っているのであり、そこを無視すると「魂の造型」は模写に終るということであった。

実際に、その後私がカトリシズムを通して、キリスト教の事実に徹底しようとすればするほど、内面的に自覚されてくることは、外ならぬ自己の、日本人としての伝統的・主体的自覚がどう生かされ、位置づけられるかという課題であった。

このことはアウグスチヌスやトマス・アクイナスに限らず、いかなる思想家たちも、自らに必然的な課題に迫られ、新プラトン派やアリストテレスなどの思想的媒体を畑として福音の種子を成育させているのであって、この足場なしにただヨーロッパに育った既成の大樹を移植しようと思っても、それは決して魂の大地に根を下すことはないと思う。なぜなら信仰思想や哲学は、自然科学的な対象論理的世界像とちがって、すぐれて主体的・個性的な特色を担っているからである。

この点、私の魂の造型に必要な条件として、まず第一に挙げなければならないのは、私の生活経験の構造に即応し、その根底は日本的霊性の水脈にまで深く根を下すと同時に、一方では日本的であることによって世界的であるような、普遍的下地をふまえた発想をもつことであった。

こうして先端的超越方向には生けるキリストの事実を、そして根底的超越の方向に最深最大の日本人の心の大地をさがし求め、しかもこの両者を相即させて自らの魂の深化徹底を可能にする新しい発想がどうしても必要になってきた。

こうした私の内的要請に応えるものとしては、鈴木大拙の『日本的霊性』がやはり最もふさわしく思われたが、さらに日本的霊性の論理化ともいうべき西田哲学は、それまで学んできたいかなる西洋哲学よりも私の心の根源にふれ、霊性的要求と学問的要求の両面を統合し、一つの「世界」として造型深化させていく創造の論理を所持しているように思われ、深く魅了された。

しかもこの思考方法に習熟してみると、どこまでも日本人の発想に即して、従来のヨーロッパ神学や哲学では、どこか福音的事実に即応しかねるような違和感が不思議に消失し、むしろ「あるがまま」を現成させる独得の行為的直観的な実践性が伴っており、そこに根源的カトリシズムとのはるかなる呼応さえ感知されるものであった。

このようにして自ずから信仰はカトリシズム、そして哲学は西田哲学という独自な思想構造の図式ができあがってきたが、今考えてみると、そこには私が最初思っていた以上の深い霊性史的対応があることがわかってきた。

例えば鈴木大拙は、日本的霊性の典型として日本仏教を代表する自力的禅宗と他力的な浄土真宗の中にみているが、しかし実際にはその裾野はまだまだ広く、秘跡主義《サクラメンタリズム》ともいえる真言密教、伝道的福音主義ともいえる日蓮宗、ひいてはそのすべての下地となっている神道的産霊の思想などもその中に含めて考えることができよう。

これらは程度の差はあれ、すべて私たちの心の大地を形成しているすぐれた霊性文化の遺産であるが、これらと真に響存呼応できる統一的な信仰思想を所持しているのは、ヨーロッパではカトリシズムではないかと思う。その意味でカトリシズムと日本的霊性理念との出会いは、表面的にはまったく目立たないが、しかし世界霊性史の上からは十分に注目されて然るべき画期的事件であって、最も本格的な東西の出会いだといってよいであろう。

そしてしかもこの「大きすぎる課題」は、日本のキリスト者にとっては、生活の体系それ自体の経験の構造であるはずであって、なんらかの意味で日常の信仰生活は即神学といって差しつかえないのである。

したがってこの方向に向けての真実の探求は、そのまま戦後の「混乱の中の人間形成」に、従来とは違った新しい霊性的次元からの光をもたらし、その混乱を洗練していく最も本格的な道なのである。

戦後教育の土台となった基本法における教育目標には、「教育は人格の完成をめざし」と出ているが、そもそも人格とはいったいどのような意味を有するものであろうか。その掘り下げがまったくないままいたずらに教育の荒廃が進行しているのが日本の現状ではあるまいか。

そしてこのように本質的で誰の手にも余る「大きすぎる課題」が、奢り高ぶってニヒリズムの鬼子を生み出した、近代的ヒューマニズムの論理に依拠して遂行されるものとはとうてい考えられない。そこにむしろ近代に即して近代を超克し、新しい世界文明の萌芽となるような日本の英知の出現を期待せずにはいられない。

私の辿る道は、あくまでも日本の民族的伝統の大地的基盤に根ざしつつ、それを真に世界的なものにつなげる哲学の営みを探索しつつ、この肥沃な大地に福音の種子を根付かせ花咲かせる基礎工事を持続していきたい。

それは私にとっては、聖霊の促しに従った魂の造型の営みにほかならず、最終的に私の中なる「イエス像」形成の課題となる。ただ私の心願からいえば、花や実は恩恵の出来事であり、私のなしうることは、その福音の真実の種子を受容する大地の耕作から始めなければならない。したがって私の論文は一見そのような形をとらないものであっても、すべては「そこからそこへ」であり、永遠を刻む鑿《のみ》の跡といってよいものである。

第二部　三位一体の場所

四　絶対無と聖霊

(1) 福音の種子

「絶対無と聖霊」は、私の年来の課題であった。「西田哲学とキリスト教」に関する思索の一応の帰結というべき性格をもっている。本来ならばむしろ「絶対無と神」とする方がふさわしいであろうが、従来のキリスト教の神観を、聖霊論から見直す試みとして、あえてこの表題を選択することにした。

このような発想は、日本ではあまり一般的とはいえないが、しかし私はこれによって、長い間の懸案であった日本的霊性の哲学とキリスト教の出会いに、ある決定的な手がかりを見出し得たように思う。

西田哲学の「絶対無の場所」をキリスト教の立場から解釈する場合、聖霊論的アプローチが不可欠であることは、かなり以前から予感していたが、それを比較的明確に主張したのは、南山大学の宗教文化研究所主催の「京都学派(西田・田辺哲学の伝統)とキリスト教」というテーマのシンポジウムに参加した折であった。その時、司会者として共に参加しておられた京都大学の武藤一雄先生が、この主張に強く共鳴されたことは、その後の私に大きなはげましとなった。

このシンポジウムの記録は、昭和五十六年に『絶対無と神』として春秋社から出版されたが、私はこの時から、このテーマを究極まで展開させれば、間違いなく「絶対無と聖霊」というテーマに帰結し、そこにおいてはじめて仏教とキリスト教は深く出会うのだという強い予感を捨てきれなかった。

しかしこう述べるだけでは、どこまでも私のモノローグにとどまり、具体的に何をさすのか不明瞭に思われるので、解り易い一つの適切な事例として、上智大学のイシドロ・リバス神父の『日本人とのおつきあい』(コルベ出版社)の中から引用してみたい。

リバス神父は、日本人学生と長い交友をもつスペイン人司祭として、日本の青年から得難いものを学んだという。

「私にも昔、聖霊という存在があまりピンときませんでした。神の霊はどんなところにも働いている、ということを一応信じてはいましたが、実感としてなかなか湧かなかったのです。ところが日本の青年につき合ってゆくうちに、一人ひとりの青年が神からの息吹きの秘跡によってみな、それぞれに生かされていると感じたのです。心の中で素直になったとき美しい自分を感じることができ、醜い自分だけでなく美しい自分も在るのだと悟ったとき、青年たちはみな喜びました。それは、理論ではありません。私が日本で何回も何回も体験した、素晴らしい事実なのです。」

それゆえ「実に私は種子のようです。私の心の中で、小さな種子と同じように無限のエネルギーが蓄えられているのです。……私には醜い自分の種子だけでなく美しい自分の種子があるのです。私は一つの賜物、一つの宝のようであって、他人に対する一つの賜物のようになれるのです。私は自己肯定することができる。しかし他人を否定したり、他人と比較するような自己肯定でなく、自分にしかない独自性を、永遠の息吹きから来る一つの独自性をもつ私として自己肯定できるのです。……信仰とは、まず自分の中に働いている力を信ずること、もっと端的に言えば自分を信じることだと思います。仏教でいえば仏性が、キリスト教的にいえば聖霊が、自分の中に宿っているということを信じることです」。

ここでリバス師は、人間にはいろいろ業《ごう》があるけれども、業より深いのはむしろ仏性であるという仏教の立場と、キリスト教でいう「人間は神の子である、すべての人間の内に聖霊が働いている、宿っている」という表現とは極めて近いことを指摘し、要するに「私は、聖書を読む前から、キリスト教が愛の宗教であることはわかっていましたけれども、そのキリスト教の中心が聖霊に従って生きること、肉の自分を捨て霊の自分に生きることに気がついていませんでした」と自己反省している。

このことは、すぐれた共感能力をもつ献身的な外国人宣教師が、日本の異質な霊性・文化にふれて、逆にキリスト教の中心となるものを再発見したという意味で、極めて興味深い。

司祭にしてこうであるから、一般に「キリスト信者」とは何ですか、と問われた場合、「洗礼を受けた人」とか、教会に所属して、信仰生活に忠実な人たちといった程度の信者像が浮んできて、人間存在の根底にひびいてこないのが実情である。しかしロマ書八章には「神の霊によって導かれる人はだれでも皆、神の子なのです」とあり、キリスト教の中心がそこにあることは間違いない。

しかし従来、キリスト教の核心とでもいうべき聖霊は、父と子と並んで聖三位一体の不可欠の契機でありながら、なんら掘り下げられることのない絶対的生命の無限の鉱脈であった。また聖霊の賜物に対する無感覚は、ある意味では、神から息吹かれた最深の実在感覚である霊性が蔽われていることであり、これが現代の「神の蝕」としてのニヒリズムの根本原因をなしているのである。

この意味で私が心底から希求するのは、なによりも聖霊神学の確立であるが、しかしこのことは私の実存の根ともいうべき日本的霊性の自覚と決して無縁ではない。なぜなら神そのものとしての実在的聖霊は、それ自体としては超越であり、人間の霊性に媒介されて、はじめて私たちの心の現実となるからである。その限り私たちの本心とでもいうべき霊性は、絶対と相対との絶対矛盾的自己同一点であり、分離性と結合性の双方を共に現実とするような当体といってよいであろう。

このように考える時、私のめざす聖霊神学が、日本的霊性の自覚の論理とみられる西田哲学と不可分の関係をもち、むしろ、西田哲学を媒介とする日本のカトリック神学打開の道行きをとるのも、極めて自然のように思われる。

「絶対無と聖霊」は、以上のような問題意識をさらに徹底しようとする一つの試論であり、日本の大地の哲学の発展として、されにそれを底に超えていく時、未到の「聖霊神学」が打開されてくる経緯を示したいと思う。

(2) 大地のこころ

このような問題意識については、すでに「場所的論理とキリスト教的世界観」という論文の中の、「日本的霊性の思想と場所的論理」の中でのべておいたが、その思想前提は今でもまったく変わらない。ただそこでは聖霊論の展開はないが、日本的霊性的大地が、日本における福音の土着化の最良の畑であることは、以前にもまして確信されるようになってきた。

かつて明治以後の代表的キリスト者であった内村鑑三は、福音的種子をはぐくむ思想的大地を、武士道に置き、それを台木としてキリスト教に接木しようとしたが、しかしこの流れは、私のいう日本的霊性史の基層からみた時、比較的上層の意識的モラルに属する部分であり、ある程度内村の霊的深化を限定したとさえいえるであろう。

これに反して私の選んだ日本的霊性の理念は、はるかな深層に根を下しており、そこから志向する天の方向は、アメリカ経由のピューリタニズムならぬカトリシズムである。これまで明治以後、キリスト教といえばほとんどプロテスタントを意味したが、しかし戦後はようやく教育や文学の領域でカトリックの胎動も感じられ、一部注目をひくようになってきた。このことは宗教性の問題よりも、キリスト教を総合的に見る観点が拡大されたという面でよろこばしいことである。

プロテスタントにくらべて、カトリックは、近代化という面では著しく遅れをとったとはいえ、しかし一方では、キリスト教の信仰の遺産の基本となるものをかたくななまで守りぬいた上で、第二バチカン公会議を契機に、一気に現代化へと転じたことは、世界史的にみて極めて重要な意味をもつと私は考える。

そしてこれには、一種の存在の命運をかけたカトリックの信仰の世界化への悲願がこめられており、その最大の課題は、東洋の霊性・文化への本格的な対面にあるといってよいであろう。

こうして、現代に青春性を回復しつつあるカトリシズムと、日本的霊性との出会いは、その世界的な時代思潮の最尖端を形成するものといってよく、日本の神学への胎動は、その一つの予徴といってよいものであろう。

ところで戦後、いち早く鈴木大拙の日本的霊性と大地の思想が、西田哲学の「場所」と同一であることを指摘し、これこそ日本思想に携わる者が将来育成すべき重要な礎石であることを強調したのは、務台理作であった。

例えばその著『文化と宗教』（弘文堂）の中の、「日本今後の哲学」や「自然史と実存哲学」といった論文には、大地性と文化の関係がさかんに論じられ、ある程度その具体化を試みたともいえるが、ついに本格的展開には至らなかった。

しかし今からみても、この発想の萌芽には実に確かな、豊かな思想の可能性が含蓄されていて、その中断が惜しまれる。私の場合は、鈴木・西田の大地性と場所に関する評価と認識は、務台と同一であるが、ここで発想をまったく転換して、日本的霊性的大地とキリスト教の福音の関係として捉えようとした。そしてこのことは、具体的には「伝統と創造の課題における日本的霊性の理念」として、日本におけるキリスト教の創造的役割を問うことであった。

このことは鈴木や西田が直接意図したことではないが、しかし両者の友情と魂の交流の所産である「場所的論理と宗教的世界観」を見れば、私の意図する方向が、いかに必然的な日本精神史的な道行きであるかが了解されるはずである。

しかしそれにしても私がなぜこれほどまでに日本的霊性の哲学に固執し、自らの精神的大地として重要なものと考えるかという点であるが、それは個人的な好みの問題ではなく、この哲学のみが実在の真相を捉える霊性の哲学であるからである。このようにいえば、世俗的な対象論理に呪縛され、擬似科学に転落した思考の立場からは、何か神話の哲学を現代に再生させるような錯覚にとらわれるかもしれない。しかし日本精神史の流れに徴してこれをみれば、日本の哲学は一貫して、「霊性」を実体ならぬ実体とする無の哲学なのであり、それを科学を媒介としてより全一的に、深大なものとして培うことがわれわれの課題なのである。

そして、そこに結びつかない哲学は仇花のように一時咲きほこり、やがて消え去るほかはないであろう。

そこで問題は、鈴木大拙のいう「霊性」とは何かということであるが、それは「知性」とか「精神」とか「意識」という言葉で示されるよりも深く、その奥に潜在する働きで、自己の源底とか、根源的主体性といった性格のものをいい、常に「それ自体」と関連するものであるという。

私はこの「霊性」と「それ自体」との結びつきに、非常な興味を覚えるが、しかもそれが「生命そのもの」であるといわれる時、私がなぜ西欧の神学や哲学に根底からなじまず、日本の哲学に回帰したかの根本理由が、はっきりと了解されるのである。しかしこれは日本主義といったものとはまったく無縁であり、カトリックの信仰はそのまま維持されるにしても、「それ自体」にふれるのでなければ、信仰はなんら創造的課題と結びつくことなく、キリスト教の受肉的愛のヒューマニズムも、ついに形骸的篤信に終始する。

加えて、私はこれまでの西欧哲学の研究を通して、哲学史の全体的傾向が、一般に理想と現実、抽象と具体、普遍と特殊、人間と自然、主観と客観、精神と物質、聖と俗、一神教と多神教などの二元対立を、どのように考え、克服していくかの論理探究にあることを知ったが、しかしその解決の方法については、いつも釈然としないアポリアを残すのみであった。知性で解明できない点は信仰領域でといわれても、私の霊性感覚にはそぐわないのである。

それというのも、両者が対立して矛盾・闘争・相克し合うだけでは、「真に生きる」という無意識にまでも透入する共通の基盤が出てくるはずはなく、また単なるロゴスの哲学では、「非在の響き」を聞きとる余裕がなく、東洋精神に対して実に無力なのである。しかしそうかといって、それに対して一元的同一性を考えることもすでに抽象であり、そこでどうしても、二にして一、一にして二であるところを「見る」場がないと、真の解決に至らないと大拙はいう。

これは私の立場からみても、極めて正当な指摘であって、それを「見る場所」が霊性であるというならば、キリスト教的な聖霊体験を聖霊体験たらしめる「あるがまま」の場がそこに開かれているとみてよいであろう。そしてこのことは、同時に聖霊論的思考を成立させるための不可欠の前提であると思う。

また大拙によると、霊性は主観・客観の対立を超え、知情意の分離を超えた全人格的な無所住知、即ち般若の知恵であるから、自己が「それ自体」にめざめることなしにはつかみにくいものであるが、しかし決して虚無なのではなく、かえって最勝義の「実在」というべきものである。

しかもその場合、霊性は必ず具体的な「在所」――即ち「ありどころ」を通して非在の響きとして現成する性格をもっており、この「場所」を大拙は象徴的に大地性といっているのである。

この意味で考えると、「大地性」はちょうど超越と内在が交わる具体化の場であって、霊性という超越的無所住な究極の実在は、大地を通して上下貴賤の区別なく、万人の源底に平等に滲透し、聖霊の光として、あるいは無量光として輝き出るのである。

鈴木大拙は、その「日本的霊性」の中で、日本精神史において最も深くこの大地性を体現した者の一人として親鸞の名をあげているが、この経験を実に見事に要約しているのはむしろ唐木順三の次の文章である。

『霊性の奥の院は実に大地の座にある』といっている大地、母なる大地、地上のあらゆるものを育て引き取りながら、黙して、しかもあたたかい大地、その大悲の大地が、霊性の母胎であるというのである。その底なき底と、人間の魂の底なき底が通じ、魂の中に大地性が覚醒する。魂の中の大地性、また自然性を直接的に体験的に身につけているのは農民である。親鸞において日本的霊性が大地性として覚醒したのは彼の関東での農民とともにした生活による。農民が直接即自に示している大地性を親鸞は自覚的に体現した。伽藍の中の仏教、経典の中の仏教が、親鸞によって、初めて、土壌の中に根を下したというのである。」(『毎日新聞』、昭和四〇年一〇月三一日)

この日本的霊性、それから大地性、あるいはこれを一にした大地的霊性の思想は、きわめて含蓄の深い特色ある思想であり、イーハトーヴに魂の故郷をもつ私には、この土の思想以外に、キリスト教的福音の種子を根付かせる場はありえないとすら思う。この前提のもとに、つぎにキリスト教における大地性をさぐり、そこから「絶対無と聖霊」の核心に肉薄していきたい。

(3) アリョーシャの大地体験

ところで、キリスト教と大地性の問題を考えようとするとき、まず思い浮ぶのは、東方教会の精神風土に立脚しつつ、西欧神学とは異質のキリスト教解釈への歩みをすすめたドストエフスキーである。

彼の思想の根源を形成する「大地性」は、あくまでもキリスト教的であり、大拙のいう日本的霊性的大地と同一であるはずはないが、しかし、都会的・貴族的なものに対する田舎的・農民的なもの、理性的・分析的なものに対する心情的、総合的なものを一層高次なものと見る傾向は共通しており、その大地性において、仏教的なものとキリスト教的なものが深く出会っていることに特に注目すべきであると思う。

その場合私にとって特に興味深いことは、「大地に忠実なもの」としてのドストエフスキーによって、ニヒリズムが克服され、根源的に異教的なものとキリスト教の福音が深く総合されて、古代キリスト教会が掲げた「われらの神は天にいまし、地にいます」という信条が現代に生きいきと復活してきたことである。

このことは日本におけるキリスト教のあり方にも実に重大な示唆を投げるものであり、心ある日本人の多くはそのことを予感していると思う。例えば鈴木大拙も珍しくロシア思想にふれて次のようにのべている。

「西田はよく露西亜の作家の作品の話をして居た。それで自分も先頃始めてカラマゾフの兄弟を読んだ、又ベルジヤエフの歴史観もよんだ。どうも日本人より性格的に深刻なものがある。抑へつけられるやうにも感ずる。これからの露西亜からは何か大きなものが現はれて世界の文化面に貢献するものがあるに極つて居る。ソ連の政治体系がそれをどれほど生かすかが問題である。」

（『西田幾多郎』大東出版社）

ドストエフスキーの大地の思想は、『罪と罰』をはじめ、作品の多くに滲透しているが、なかでもその圧巻は『カラマゾフの兄弟』であろう。特に私の永遠の記憶として残る場面は、ロシア人の心の憧憬とその未来を象徴しているといわれるアリョーシャが、恩師ゾシマ長老の死後、僧院の庭に出て夜空に星を仰ぎ、そこに天と地の触れ合いの神秘をみて、感きわまって、思わず「聖なる大地」に伏す光景としてえがかれている箇所である。

その結果、彼は思わざる回心を経験することになった。

「彼が大地に身を投げた時は、か弱い青年に過ぎなかったが、立ち上った時は生涯ゆらぐことのない、堅固な力を持った一個の戦士であった。彼は忽然としてこれを自覚した。……アリョーシャはその後一生の間この瞬間を、どうしても忘れることはできなかった。『あのとき誰か僕の魂を訪れたような気がする』と彼は後になって言った。」

（米川正夫訳『カラマゾフの兄弟』河出書房）

似たような回心の場面は『罪と罰』におけるラスコーリニコフの場合にもみられ、彼の犯した殺人の罪はほかならぬ大地への反逆であった。そこで彼の贖罪は、大地に赦しを乞う祈りを必要とするのである。彼は激しい良心の呵責と苦しみの後に、ソーニャのすすめに従って「広場の真中に膝をついて、土の面に頭をかがめ、歓喜と幸福を感じながら、その汚い土に接吻した。彼は立ち上って、もう一度身をかがめた」。

このように、大地に深く身をかがめることのうちに、何ものかが彼の魂を訪れ、内面的新生が可能になるというとき、その人間の「限界底面」になっているのが大地であり、そこに遍満する生命こそ聖霊とみてよいであろう。

メレジコフスキーによれば、「地上の神秘」と「星の神秘」の合致をえがいた『カラマゾフの兄弟』におけるアリョーシャ体験は、「ロシアおよび世界の文化におけるキリスト教の最も深い啓示である」としているが、これは決して誇張ではない。これは東方キリスト教のメッセージと考える時、最も深い意義をもつが、おそらく聖霊論の時代の到来を予告するものであり、この世の真只中にあって超えている方――即ち聖霊に関する意義ある教理が呼び求められていることを物語るものであると思う。

元来、東方教会には、西方教会とは異なった一切を霊化する根源愛の体験が中心となっており、一種独特の心情と体験によるキリスト教を形成している。

それがどのようなものであるかは、ドストエフスキーがシベリアの監獄から釈放された直後に書かれたほとんど信仰告白に近い次の書簡にみられる。そこには基本線においては生涯変わることのなかった独自なイエス観が率直に表現されているとみてよいであろう。

「……キリストよりも美しく深淵で、好感のもてる、理性的で男らしく、完璧なものはなにひとつ存在しないと信じることです。いや存在しないばかりではなく、存在しえないのだと熱烈な愛情をこめて自分で自分にはっきりと言いきるのです。

それればかりではありません。誰かが私にキリストは真理の外にあると証明してくれたにしても、また実際に真理はキリストの外にあるものだとしても、私は真理とともにあるよりは、むしろキリストとともにあることを望むことでしょう。」

（小沼文彦訳『ドストエフスキー全集』第一五巻、筑摩書房）

この文章にはキリストの神性に対する信仰と、一方でキリストこそ「人間性の永遠の理想」として、「比類なく真に美しい人物」と捉えられており、イエス・キリストの「神・人性」が思想の中核であることをよく示している。

そして『死の家の記録』にみるように、すべての人、たとえキリスト教を否定し、反旗をひるがえす人でさえ、その内奥の本質においては、キリストの面影を宿しているというドストエフスキーの洞察は、明らかに聖霊論的なロシア的霊性の土壌からくる体験的確信であろう。

ドストエフスキーは、どの作品でも、つねに人間性の変化によるよみがえりを主題にしているが、それは主に霊性的大地という存在の故郷に向う人間性の変化を意味しており、それが合理主義に代って真の出会いと自由と連帯を生むという構図をもっているように思われる。このことはドストエフスキーが代弁するギリシヤ正教の神化《テオシス》の思想に由来することはいうまでもないが、これはある意味で西田幾多郎の絶対無の哲学とある種の親近性があることは、容易に看取されるところである。

西田自身このことは、はっきりと予想しており、つぎのような重要な証言を残している。

「今日、世界史的立場に立つ日本精神としては、何処までも終末論的に、深刻に、ドストエーフスキイ的なるものを含んで來なければならない。そこから新なる世界文化の出立點ともなるのである。ドストエーフスキイは、人間をその消失點 vanishing point に於て見たと云はれる。併しドストエーフスキイ的精神は平常底と結合してゐない。そこにロシア的なるものと日本的なるものとの相違がある。而もそれが平常的なるものと結合せなければ、現實的とならない。加之、尚主語的なるものに囚はれて居るのである。」（『西田全集』第一一巻、四五一頁）

この文章は、西田の生涯にわたる全思索の結晶ともいうべき提言であって、日本精神の世界化にとって不可欠の哲学的課題を提示したものである。そして日本的霊性が、ドストエフスキー的なものを受容した時、そこから「新なる世界文化の出発点」が開けてくるというのは、その時西田はすでに vanishing point をめぐって、キリスト教と仏教の出会いを予感しているのであり、そこではメレジコフスキーとはるかに呼応しつつ、聖霊論的思考様式打開への意欲がみなぎっているのである。

そして、ここでロシア的なものと日本的なものの出会いと相互超克にかかわる vanishing point の問題が改めて提起されているが、これこそ私が今までのべてきた「大地性」をめぐっての、内在と超越の「限界底面」に関する根本問題にほかならない。

従ってそこには、歴史的に超越的内在の信仰形態をとるキリスト教と、内在的超越の自覚に徹する仏教的方向の違いは依然として残されたままである。それゆえ、西田の立場はあくまでも仏教に傾斜して、そこから全一的に宗教を理解しようとしており「私は将来の宗教としては、超越的内在より内在的超越の方向にあると考へるものである」（同・四六三頁）とのべているのである。

またこの時代史的に要求される霊性史的立場から、ドストエフスキーの大審問官の詩劇を援用しつつ、「新しいキリスト教的世界は、内在的超越のキリストによって開かれるかもしれない」（同・四六二頁）という極めて重大な提言を敢てしている。もちろんこれは西田一流の解釈ではあるが、私の年来の課題と期せずして一致するものがあるのである。

「内在的超越のキリスト」とは、世界内における神との出会いの可能性を求める「下からのキリスト論」の課題であり、認識における主体の自覚と関係する実存的な「意識のキリスト論」——つまり聖霊論にほかならない。そしてキリスト教的人間論の立場からみても、超越的聖霊は、人間の霊性を通してしか内なる全領域に受肉化しない。なぜなら三位一体の啓示は、知的認識といった抽象的なしかたにはよらず、生命の法則（霊性）そのものによって啓示されているからである。

以上の理由によって、日本的霊性の哲学的論理化ともいうべき西田哲学を基礎として、カトリック的な聖霊神学をめざす私の試みは、十分な根拠をもつものと思う。そしてその場合、必須の媒介がドストエフスキー、ソロヴィヨフ、ベルジャーエフなどのロシア的大地の思想であることも、ごく自然な道行きといえるであろう。

(4) 叡智的世界

ではこの課題をどのようにして遂行するか。実はこのことは、私の学生時代からの漠たる課題意識であったが、その決定的手がかりを得たのは、ロシア最大の独創的哲学者であるウラジミエル・ソロヴィヨフの思想に遭遇してからであった。

ソロヴィヨフは当時新進気鋭の少壮哲学者としてドストエフスキーにも深甚な影響を与え『カラマゾフの兄弟』におけるアリョーシャのモデルとさえ噂されたことがあったが、私は彼の中に必ずドストエフスキーの大地性とつながる思想の哲学化がみられるはずだと見当をつけた。そして果せるかな、そこに見出したものは、無限と有限、絶対と相対、永遠と時間の絶対媒介者ともいうべき「三位一体的ソフィア論」の画期的提唱であった。

ソフィア論といっても私たちには全くなじみがないが、これは十九世紀ロシア文学の興隆と並行しておこってきたロシア宗教哲学の中心概念で、ギリシヤ正教を革新し、ヨーロッパの近代思想とその現実をすべて包括することをめざした「すべてをつつむ神の属性」としての「英知」をさしている。これは西田哲学でいえば、「一般者の自覚的体系」における「叡智的世界」に比せられるが、むしろキリスト教的宇宙論、宇宙的教会論として、彼岸と此岸、神と人、神と全被造物（宇宙）との媒介点としての無の場所をさすとみるのが妥当であろう。

そしてまた一方からは、このソフィアは、神智として、その認識は対象の部分にかかわるのではなく、むしろ全体にかかわるべきであるという全一的知識の哲学的根源をさすものである。この意味では、カントの意識一般を乗りこえていったヘーゲルの絶対精神や、西田の絶対無の場所の思想とも無縁ではない。あるいは大地的自然との関連でいえば、「神における自然」を主張したシェリングの影響もそこに色濃くうかがうことができる。

ソロヴィヨフは大地の象徴概念としてのソフィアを、神という絶対者と世界という相対者を媒介する「場所」と考え、神における万有の統一、原宇宙の如きものとして捉えている。それを「世界霊魂」とよぶ場合もあるが、この場合は、神なしにあり得ぬ無の場所としてのポテンツであり、神のロゴスを感受して、聖霊が一切の中に物自体を実現する媒介のような役割を果したしている。

神が絶対者でありつつ、相対者たる世界を実在化することが「無からの創造」であるとすれば、その関係は絶対の非連続の連続でなければならず、その前世界的原所与を、所造的統一としてソフィアとよぶことは、かなり観念的な理解であり、プラトニズムの影響の根強さを思わせるものがある。しかしヨーロッパの哲学者を困惑させたこの「ソフィア論」も、ソロヴィヨフにおいては決して宗教哲学的思弁を弄しているのではなく、深奥なギリシヤ正教の体験的思想とヨーロッパ哲学との対決を通して、共通の思索の場にもたらそうとする苦心の表現であることは間違いない。

それ故、われわれ東洋人には、このソフィアはかえって理解し易く、そのソフィアをロシア的大地の哲学化とみるとき、その長所も難点も極めて明瞭なものとなるのである。

以上は主に神という「絶対者」と、世界という「相対者」との関係からみたソフィア論であったが、ソロヴィヨフはこれをキリスト論や神・人論にも拡大して解釈しており、これによって、キリスト論や神人性論を類例のない程深く掘り下げ、極めてスケールの大きいキリスト教的世界像をえがいたということができる。

しかもその際、彼がたえず前提にしているのは、三位一体の信仰思想であり、神の実現としてのイエス・キリストにおいても、創造的統一面がロゴス、所造的統一面がソフィアとして場所的に捉えられ、それがキリストの体、あるいはその理想的人間性として理解されている点は甚だ興味深い。なぜならこれによって前にあげたドストエフスキーの「美しいキリスト」という信仰告白がはじめて深い具体性を帯びてくるからである。

そして、この場合、キリストの「からだ」は教会をも意味することになるが、そこでは教会は、天と地を結びつける場所として、世界霊魂としての教会の役割をもち、聖霊論は重大な意味をもって登場してくることになるのである。

以上、私はソロヴィヨフの「三位一体的ソフィア論」を大地の思想の角度から考察した。このような発想は、明治以後日本に流入したカルヴィン派のピューリタン的キリスト教とも趣きを異にし、若干当惑さえ感ずるであろうが、長い精神史の流れに徴してみれば、東洋と西洋の接点はむしろここにこそあるのであって、日本のカトリック神学の発想に深い霊感と輝きを与えるものである。

私は根本的に、ソロヴィヨフが、キリスト教の誓約が天と地、神と人の結合にあり、それを三位一体論と神人論において、またその媒介点をソフィア論として場所的に把握したことに深い共感を覚える。そして世界霊魂としての大地的霊性は、ここでは天上の肉体、つまり神の身体として認識され、アリョーシャの大地体験のように星はまさしく大地と接触して、そこから無限の力を得ることになるのである。ここでソロヴィヨフは、ドストエフスキーが文学で表現しようとしたものを、宗教哲学的に明確化しようとしていることは疑う余地がない。

またギリシヤ正教の思想の特色は、あくまでもキリストを原型とした生活体験の思想であるという点にあり、この民衆思想の形而上学化としてのソロヴィヨフの思想は、西田哲学と同じく私たちに多くの示唆を与えるが、しかし一方では先にのべた絶対と相対の間の vanishing point の捉え方に、ある決定的な問題を残しているように思われる。

この点私は、「三位一体的ソフィア論」といった英知的一般者の表現を超えて、「三位一体の場所」は絶対無として、絶対と相対の絶対矛盾的自己同一点であるという立場を主張したい。

これは私の長い間の思索と、信仰体験の実証から帰結された霊性的実存の原点であって、これこそ「ドストエフスキー的なものを含んで……そこから新なる世界文化の出立点ともなる」日本の大地の哲学、あるいは神学的立場であると私は考える。

これが単なる私の思いつきや、折衷でないという確信を得たのは、日本の明治以後の最深のキリスト者ともいうべき新井《あらい》奥邃《おうすい》が、その横溢する清冽な福音体験を、「有神無我」「二而一」によって統合していることを知ってからであった。この奥邃の信仰思想こそ、日本における聖霊論的キリスト教のさきがけともいうべきもので、「三位一体の場所」の実在的構造を、体験的に正確に感知しているのである。なぜなら「有神」はキリスト教においては「三位一体の神」であって、絶対的生命の霊的自覚の構造をさし、「無我」は、絶対と相対を包括するもう一つの世界は「ない」ということを示す「限界底面」であり、真の vanishing point にほかならない。それをなぜ「場所」と捉えるかといえば、この問題は単に宗教体験の問題としてだけでなく、学問や倫理、総じて宗教と文化の根本問題に能う限り深い解決を与えようと欲するからにほかならない。その意味で私は西田哲学の理念をそのまま一貫して持続し、それを貫こうとしているのである。

しかし一方私の信仰と思想の立脚地はカトリックであるから、キリスト教本来の根源的性格ともいうべき「三位一体的唯一神教」(trinitarian monotheism)の信仰を逸脱するつもりはない。むしろ私は自分の立脚地である三位一体的信仰自覚と、日本的霊性の自覚の究極地である「絶対無」を相互に徹底させることによって、「三位一体の場所」という新たな思想的基盤を得たのである。

このように考えて、はじめてキリスト教的三位一体の自覚は、われわれの日本的霊性的大地に足場をもち、また西田の絶対無も、はじめて真に超越的な啓示の場の論理として、三位一体的、受肉的な力動性をもち、「作られたものから作るもの」への歴史哲学的なはたらきを獲得することができるのだと私は考える。

そして、このことは西田のいうごとく、ドストエフスキー的精神を真に平常底と結合させる道でもあって、この点キリスト教は、場所的論理を自らの中に自覚する必要があるであろう。そしてここにロシア的なものと日本的なものの「相互超克」の課題があるというべきである。

一般にドストエフスキーの全作品に反映されている思想は、『カラマゾフの兄弟』の冒頭にかかげた次の聖書の言葉に集約されていると指摘されるが、これこそまさしく東西に適用される普遍的な vanishing point を暗示している。

「誠に實に爾曹《なんじら》に告げん、一粒の麦もし地に落ちて死なずば唯一つにてあらん。もし死なば多くの實を結ぶべし。」

（ヨハネ一二・二四）

（5） 聖霊論的思考

このように私の「三位一体の場所」の思想は、鈴木大拙における日本的霊性的大地とその哲学的論理化というべき西田の「場所」が下地になり、ドストエフスキーの大地とソロヴィヨフにおけるソフィア論を媒介にして、私の内奥から自覚されてきたものであるが、それ自体は決して折衷ではなく、あくまでも現実的世界の究極の場の論理構造を示すものである。

そして私の立場は、日本におけるカトリシズムの思想を模索しており、これが私の現在到達したあたう限り普遍的な信仰自覚の立場といえるであろう。なぜなら、ここにおいてはキリスト教の奥義である三位一体的唯一信仰的啓示真理と、西田がかかげた絶対矛盾的自己同一の場所的論理が、「絶対無と聖霊」として、限りなく深く必然的に相交わっているからである。

私の考えでは、キリスト教的三位一体は父と子と聖霊の啓示様式を示す真理であるが、最終的には聖霊によって啓示される論理といってよく、「聖霊によらなければ、だれもイエスは主であるということはできない」（コリント前書、一二・三）のである。そしてこのことは「神を見ること」ができるのは、決して知性や五感によってではなく、人間存在の全体を貫く生命である聖霊の自覚によることを示すものであろう。

これに反し、西田のいう絶対矛盾的自己同一は、その全体的な思想展開からみて、それと相接しつつも、どちらかといえば、神によって息吹かれて自らの本性となった「霊性」の論理的表現であって、この両者の関係も一にして二、二にして一なのである。

この意味では聖霊は、三位一体的聖霊としてまさしく「神自体」であり、霊性は逆に世界における「物自体」として、相互内在的同一性があるが、しかし一方は「創造者」、他方は「被造者」として、絶対の非連続の連続であり、大地的霊性といわれるものは、キリスト教的には明らかに「聖霊の於てある場所」といってよいであろう。

このような捉え方は、カトリックの伝統的霊性史の中ではなんら特殊なことでなく、例えばスペインの十字架の聖ヨハネの聖霊論においては、「主につく者は、彼と一つの霊になる」（コリント前書、四・一七）というパウロと同じく、聖霊は、その霊魂の潜心の様式に従って、人間存在の全体を「聖霊の神殿」たらしめていくことが主張されている。

また西田の絶対無の場所は、元来が主体性の自覚の問題を地平として、意識を意識する意識の方向に、一般者の自覚的体系の究極として出てきたものであるから、キリスト教的にはどうしても聖霊の場となる必然性をもっているのである。そしてこの霊性的世界こそ、神性と人性が相会する「場所」であり、具体的には聖霊のはたらきによって浄化された霊の根底が、神の子の誕生の「場所」となるといってよいであろう。この意味でわれわれの霊の根底は、絶対否定をへだてて、逆対応的に神の根底と相接するということができる。

また、この大地的霊性を、キリストの霊的な「からだ」と解するならば、これはキリストの肢体としての教会の意味をもつであろうし、教会の「秘跡」を通してキリストの霊的な身体にふれるものは、聖霊によって満たされるとみてよいであろう。

それゆえ、西田が前にのべた「内在的超越のキリスト」は、一応この方向に考えられた超越論的キリスト教の形態をさしているように思われるのである。そしてこの方向は、現在のカトリック神学においても、例えばカール・ラーナーのように、第二バチカン公会議の主流を決した思想に、はっきり打ち出されており、西田の時代洞察の的確さに、今さらながらある驚きを禁じえない。

またこの点をさらにふみこんで考えてみると、西田とラーナーの間には思考論理の面でもかなり類似点があり、西田哲学とカトリック神学の接近を示すものとして興味深い。例えば後期西田哲学において確立された絶対矛盾的自己同一の論理は、われわれの自己成立の根底を示す論理として、現実のこのあるがままの世界は、ほかならぬ絶対者の自己否定的表現として、神の創造的アガペーに裏打ちされており、あらしめられてある存在であることを示しているが、この思想はラーナーの「神の自己譲渡」Selbstmitteilung Gottes に大変よく似ていると思う。

この場合「神の自己譲渡」などといえば神が何かを啓示することのように考え易いが、ラーナーによればこれは神自身の「存在を与える」という意味の自己譲渡であり、神ご自身が人間の最内奥の本質を構成することを意味する。このことは神自身が神でない存在に自己を譲渡することであるから、その関係は当然絶対矛盾的自己同一的であるといってよい。すなわち神は人間の実存を支える把握しがたい根拠でありながら、真の自己譲渡であることによって絶対的に親密な交わりを求められる神でもある。

そしてこの神がわれわれに自己を与える様式は、キリスト教的にいえば三様式あり、全く同一の神が父として、また子もしくはロゴスとして、また聖霊として与えられているのである。この意味で神は、人や、この世があるようには存在し「ない」という意味で「絶対無」であるとともに、イエス・キリストや聖霊によって、全く逆対応的にわれわれにも知られる道が開けてくるのである。

ラーナーは、神学的思考としてはこのように西田と共通な面があり、「神内における三一性」を、「救いの営みにおける三一性」と同一視し、そこから救いと啓示の歴史を考察するのであるが、しかしそこには信仰も学問も「そこからそこへ」であるような徹底した場所的論理的思考はみられない。従ってこれをそのまま日本の神学の基礎理論とするわけにはいかないと思うのである。

この点、私が日本の哲学者の中で注目しているのは、西田、田辺哲学の学統を最も本格的・批判的に継承発展させている鈴木亨の近業であり、特に現実存在のこの絶対矛盾的自己同一的境位を、「存在者逆接空」と捉える規定は、私の大地の神学に一つの強固な足場を提供するものとして、実にすぐれた論拠をもつものであると思う。そしてラーナーのいう神の自己譲渡は、この「逆接」という言葉の中に表現され、これは不実体（空）、不一、不二、不可逆の四契機を内に含むものであり、西田の「自己が自己において自己を見る」場所的自覚から、「自己が絶対他者において自己を見る」自覚へと、超越性がより徹底しており、私の「三位一体の場所」と完全に対応するものとなっている。

　私の「三位一体の場所」と鈴木哲学の核心である「存在者逆接空」は一見したところ何のつながりもないようにみえるが、その内実において深く相接しており、「存在者逆接空」の場がキリスト教的には「三位一体の場所」の力動的構造をもっていると私はみるのである。

　鈴木亨の哲学は、あくまで実在的世界の論理構造の解明にひたすらなるものとして、必ずしも既成の宗教的・神学的表現をとらないが、その思索は正確であり、日本の思想家としては珍しく実在世界の根本構造が、主語・述語・繋辞の生ける判断であることを把握している。そしてそこから三位一体の場所的論理構造の重要性に着眼し、例えば「『イエス（主語）はキリスト（述語）である（繋辞）』という命題は、まさに『主語＋述語＋繋辞』として主語と述語とを単に同一的に、形式論的に繋ぐものではなく、三者の矛盾的同一性を示すものとして三位一体的構造において在るのである」（鈴木亨『生きる根拠を求めて』一八八頁・三一書房）といっている。

そしてこの命題判断の総合的理解は、主語・述語・繋辞を成立させる三位一体の場所が、空であることを意味しており、このことは、自己意識の基礎にある命題は元来が空の自己限定であることを示すものである。そしてこの場合、存在者の根拠が「空」であるとは、われわれの思惟に全く超越的な無でありながら、実はそのものが外ならぬ存在と思惟の故郷であり、根源であることを物語っているのである。

従って鈴木のいわれる「存在者逆接空」は、それ自体人間悟性によって対象化されず、しかも対象化を可能にし、存在者を存在者としてあらわにしつつ、自らを隠す根源的自然としての母なる大地を意味し、西田哲学の「場所」をより精密に実存自然史的に展開しようとしているのである。

そうした確乎たる基盤の上に、現代思想の最重要な課題であるキルケゴールとマルクスの両極の思想をとりこんだ氏の哲学は、西田や田辺の哲学よりも、はるかに徹底して「自己が超越的他者において自己を見る」方向を打開しており、その意味でキリスト教との対論も、さらに自在なものとなっているのである。

このように考えるならば、氏の提唱する実存宇宙史の根本原理である「存在者逆接空」が、無限・絶対・永遠なる空が、有限・相対・時間的な存在者と、不実(体)・不一・不異・不逆なる関係において逆接しているとみることは、私の立場からみて何の不都合もないし、逆に私の神学的な宗教哲学の根本体験である「三位一体の場所」の思想と深く呼応するものがある。なぜならそれはキリスト教の啓示真理である三位一体の信仰自覚を、「聖霊論」として、深く哲学的地平に射映するものであるからである。

これが偶然のものでないことは、なによりも氏の次の言葉に明らかであろう。

「物質と生物と人類とはもともと存在者逆接空という根本理法の下にあり、キリスト教的にいえば、父と聖霊と子との三位一体をこの有限な地上において表現しているものにほかならない。したがってまた述語的段階（物質）から主語的段階（生物）をへて繋辞的段階、さらに推論式的世界（人類）へと展開せざるをえないとともに、さらに空の大悲や聖霊に贈られて人類の精神は霊性的段階にまで上昇せざるをえないのである。」（同三二六頁）

私は氏のいかなる宗派にもとらわれぬ哲学者としてのひたすらな実在の論理探究の帰結が、世界精神史の最深最大の課題である「絶対無」と「聖霊」の問題に収斂し、世界史的立場に立つ日本精神の重要な証しとなっていることに深い感動を覚えるのである。しかしながら鈴木哲学がその理念を真に貫徹し、「他者において自己を見る」絶対他者性を徹底させようと思えば、その「空」は、主語・述語・繋辞の自己意識の根源としての「空」であるのみならず、さらにキリスト教的な啓示真理である「父と子と聖霊」の三位一体の「場所」としての「空」でもなければならないのだ、というのが私の見解なのである。

しかしともあれこの絶対無（空）と聖霊の哲学的・神学的一致は、決して偶然ではなく、恐らく両者の思索の出発点が西田哲学にあり、西田哲学の原点が「場所的論理と宗教的世界観」の冒頭でいわれている「心霊上の事実」という大地の哲学の原点をはずさなかったためであろう。

（6） 日本の神学と聖霊論

以上の考察によって、私はようやく私本来の思索的地平に到達した。これまでの長い考察は、日本において聖霊論を展開するための不可欠の前提であり、この前提なしに聖霊こそ実在であり、キリスト教の核心は、そのことの生命をかけた実証なのだということを示唆することは難しい。しかしこのことは何も聖霊主義を主張することではないのであって、聖霊自体は、いかなる「主義」でもいかなる高踏的な「論」でもない。それは「神自体」であり、それゆえに創造の業を通して働く超越即内在的な「生き通し」のエネルゲイアといってよいものである。

そして聖霊がいかなる「論」でも「主義」でもなく、「あるがまま」の「如実」な働きであるという意味では、まさに、三位一体的聖霊というべきであり、それは絶対無の場所を通して、絶対矛盾的自己同一的にしかその全容を示すことはない。このことは対象的に聖霊を認識することはできないということであって、逆に、無知の知の方法によって、人間の知性が常に限界と堕落の刻印をもち、その根源的なハイマートをめざして苦悩し、遍歴するものであることを認めた時、はじめてわれわれの知性に聖霊の光がさしこんでくるといった趣きを秘めているのである。

このことはたとえば三位一体の教義にもあてはまるのであって、三にして一という神の〈多様性と同一性〉は、理性にとっては、あくまでも二つの異なった存在様式に過ぎず、こうした矛盾を認めることは、全く知性を十字架につけることにほかならない。

その意味で、真の信仰と理性自体をつなぎ、相互に生かしうる哲学は西田のような矛盾的自己同一、あるいは鈴木亨における「存在者逆接空」の哲学だと私は解釈している。

たとえこういって十分理解してもらえないとしても、従来放置して省みられなかったキリスト教的な三位一体の真理が、西田の絶対矛盾的自己同一の論理によって、現代に生々と起死回生してくる必然性は、ある程度予感されることであろう。

以上のことを不可欠の前提として聖書を読む場合、キリスト教が父と子と並んでなによりも聖霊の宗教であることは、もはや疑うべくもない。特に旧約において予感された神の霊の体験は、新約において独自な新しい展開をとげる。その新しさとは聖霊そのものが生きた人格として捉えられ、主体的ペルソナとして、父と子と同列におかれていることである。またこれに加えてもう一つの新約の聖霊論に独自なことは、イエスス・キリストの仲保媒介であり、神の生命、息、言葉としての聖霊は、イエススにおいて全き真実の道として、決定的に明らかになったといえる。そしてイエスス・キリストの中に肉のイエスのみしか認め得なかった弟子たちは、一度大いなる躓きを経験したが、十字架の死・復活以後、そこに真の聖霊の業を見たことによって、まことの「キリストの現存」を体験し、そこから不死身の活動が展開していった。この世にいったいこれ以上の透明な真理がありうるであろうか。イエスの自己の生命をかけた身体的行為による証示の中に、人間的観念や思いの入りこむ余地はまったくない。この意味で受肉のイエススの生涯はどこまでも透徹して聖霊の子なのだと思う。

聖書に徴してこれを見ても、イエスの聖霊による処女誕生からはじまり、受洗の折にも聖霊を受けて（マルコ・一・一〇、マタイ三・一六）公生活開始の祝福にあずかり、また聖霊によって荒野の試練に導かれ（ルカ四・一－一三）、聖霊によって悪霊を追い出し（ルカ一一・二〇）、それが必要とされた場合には、「永遠の聖霊」によって、汚れのないご自分を十字架に捧げることを回避なさらなかった（ヘブル書九・一四）。

このキリストの受難は、聖ヨハネによれば、彼は「『すべては成し遂げられた』と言って、頭を垂れ、霊（息）をお渡しになった」（ヨハネ一九・三〇）となっており、イエスの生涯が、いかにその人性を創造主なる聖霊に一致するように歩まれたかを活写している。この場合聖霊とイエスの霊の間にはいささかの間隙もなく、「わたしを見たものは父を見たのである」（ヨハネ一四・九）という全き神・人性を具現している。

このように考えると、イエスにおいて聖霊の果す役割は決定的であり、その究極の願いが、宇宙的生命の源である「聖霊の実在」の招きに忠実に応答することにあり、その無量の功徳を万人のものとするために、生命をかけられたことが推察されるのである。こうしてイエス・キリストは、聖霊を媒介として、人間が神と出会う場になられると同時に、神の人間と出会う場となられたのである。

聖書はそのことを確証する多くの言葉に満ちている。

「渇いている人があれば、私のもとにきてそして飲むがよい、私を信じる者は聖書の言葉にある通り、生きる水の川がそのふところから流れ出るだろう。」（ヨハネ三・三七－三八）

また「弟子は師にまさらず」と権威あるもののごとく教えられたイエスは、キリストの霊を持ちその信仰をもって生きる者に対しては、一転してつぎのような限りない無私の言葉をのべられる。

「私を信じる人は、私のするようなことをおこなうであろう。それればかりかもっと偉大なことをおこなうだろう。……私は父に願おう、そうすれば、父は他の保護者をあなたたちに与え、永遠に一緒にいさせてくださる。それが真理の霊である。……私はあなたたちを孤児にしておかない、また帰ってくる……しかし、弁護者、すなわち、父が私の名によっておつかわしになる聖霊が全てを教え、あなたたちの心に私が話したことをみな思い出させて下さるだろう。」

（ヨハネ一四・一二―二六）

この言葉は、聖書の中でも私が最も感動する言葉の一つであるが、文字通りとれば、キリストの霊、つまり聖霊を信ずる者は、イエスのような行為をなし、さらに偉大なことをなすはずだという誠に意外な御言葉であって、私はその聖霊のみを神とし、私を無とするイエスの至純なる霊性に、限りない感動を覚える。

以上によって私は、キリスト教の核心が聖霊論にあるのだということの一端を披瀝したが、このイエスをイエスたらしめ、ペトロをペトロたらしめ、いまここにいる私を私たらしめる神の働《デュナミス》きをどう捉えるかは、今後のキリスト教の死活を決する重要な問題であると思う。そしてこの聖霊の働きの解釈が、非キリスト者における含蓄的信仰の解釈や、諸宗教との真の出会いに決定的影響を与えるであろうことを考えればなおさらである。

この点については、第二バチカン公会議において大いなる前進をとげ、聖霊の教義にもめざましい前進があったが、しかしこの世界に開かれた世紀の決断が、日本ひいては東洋の精神的根底をゆさぶり、われわれの内発的なものに転化するためには、どうしても東洋的霊性をふまえた日本の神学の貢献がなければならない。その場合最も重要だと考えられるものは、これまで私がのべてきた「三位一体の場所」の論理であり、これを端的に要約して、「聖霊の場」の問題であると思う。

なぜなら生命根拠としての「隠れた神」である聖霊は、いかなる意味でも「対象」としては捉えられず、主体も客体も共に包んで、あらゆるものの根底にあって、一つの感応・響存体として成りたたせる働きであるから、これを知情意と独立した対象論理的思考で捉えるなら、たちまちイデオロギーに転化し、聖霊を私する危険を免れないからである。

その意味で、聖霊の呼び声に応答する信仰の論理は、あるものを「あるがまま」に見る「絶対無の場所」の論理を媒介にしなければならない。このことは、あるものを「あるがまま」に捉えてこれを特殊化するならよいが、はじめからある人間的尺度をもって如実な姿をゆがめて、絶対化してはならないことを意味する。

一般に多くのキリスト者は、絶対者といえば、自分の外にある神、客体となり対象となる神を考えてしまうが、しかし真に超越なる神が即内在的な神であるとは容易に考え難い。しかしこれだけではキリスト教の真髄が、あくまでも神の自己譲渡による直接の交わりの宗教であるという肝心な点が見逃され易く、湧出する福音の深い喜びの体験から逸脱してしまうことになる。

この意味で、万物に内在し、万物を包みこむ神という点を深くふまえた聖霊なる神は、人間と世界を超えた働きでありながら、万物を貫く内在の原理であり、それと自己同一なものであるから、根本的に人間の本質、道、生命そのものであり、われわれが「心霊上の事実」にめざめる時、そこにおのずから永遠の相が現われてくることは当然である。

そしてこの関係を正しく捉える論理は、絶対矛盾的自己同一的な場所的論理以外になく、これを発展させた鈴木亨の「存在者逆接空」こそ従来の思考にかわる「聖霊論的思考」の論理ではないかと思う。

またさらに、これらの諸先達に触発されながら私の「三位一体の場所」の神学的発想は、その展開は今後の課題であるとはいえ、ある確かな根拠をもつもののように思う。なぜならこの表現には、キリスト教の核心である聖三位一体神への生命的信仰が明確に保持されていると同時に、その働きの場としての絶対無の場所が不可欠なものとして前提されているからである。これによって三位一体的聖霊の働きが限りなく深く日本的霊性的大地に滲透することになり、そこに真の「美しきキリスト」の像を自己内生に刻む無限の素材とエネルギーを汲みとることが可能になると思う。

このように私は、日本の神学を三位一体の場の神学と捉えることによって、神学と哲学を深く結合し、絶対無の自覚としての聖霊神学の可能性を深く予感する。

(7) キリスト教の辯證

以上、私は「絶対無と聖霊」に関する日頃の思索の大体をのべたが、このような思想傾向は私のみならずカトリックの各方面に胎動しており、たとえば井上洋治神父の『日本とイエスの顔』、『余白の旅』、『イエスのまなざし』その他に明瞭に窺い知ることができる。

特に私は、師の思索のあとを綴った『余白の旅』を読み、そのめざす方向と問題意識、そして解決の方向まで大筋で類似していることに驚き、かつ深いよろこびを禁じえなかった。なぜなら井上神父の志向しているものも、根本的に聖霊論的キリスト教の方向であり、そこにイエスの福音と日本文化の出会いを予感し、日本人司祭としての自らの身証を通して、広大な霊的沃野を神学的に開拓しはじめているからである。

また師は「リールのカルメル会修道院での、東方教会のアポファティックな神学との出会いは、自然の背後には、大自然の生命の息吹きとでもいうべき『聖霊の風』がひたひたと吹きぬけているのだということを私に教えてくれた」(『余白の旅』一一六頁)といわれ、東方教会の神学者、ウラジミル・ロスキの「東方教会の神秘神学」などからの影響を物語られているが、これなども私の学生時代からのウラジミル・ソロヴィヨフの影響と類似しており、私などにもまったく無理なくその体験を受容することができるのである。

さらに人間理性にとっては「無」としてしか捉ええない「場」こそがまさに「キリストの体」だというのが、パウロをはじめとする原始キリスト教団の信仰なのだということを指摘されて後、師は、「そう考えてくれれば、まず個々の実体(もの)を考え、次にそれらの間に関係を考えていくギリシヤ以来のヨーロッパ的なものの考え方よりも、日本文化史をつらぬいている考え方、即ち「人と人との間」とか「場」とか「無」とかを基底にしている日本的なものの考え方の方がパウロの人間存在のとらえ方に近いようにさえ私には思われたのである」（同二三六頁）といわれているが、こうした考えは、私が「絶対無と聖霊」を考える時に前提にした発想とまったく共通であった。

そういえば井上神父の独自な体験としての「余白」を吹く風は、私の絶対無の場所に遍満する聖霊をさすものといってよく、これこそすべての根底にひそみ、生きとし生けるものを支え、そして在らしめている宇宙的生命といってよいものであろう。したがってこの大宇宙は、敢えていえば、このような絶大ないのちの全一体というべきである。そしてこのような全一的生命である聖霊は、元来が神自身の創造的な自己譲渡の霊として、本質的に悲愛《アガペー》の精神そのものであることはいうまでもない。

以上のような井上師の導きに従って、さらに問題の核心にふみこんで考えてみると、イエス・キリストが「アッパ（父よ）」と呼んだ天の父の御姿は、明らかにこのような宇宙を貫く生き通しの生命であったに相違なく、これは「何処にも吹き給う霊」（ヨハネ三・八）として、すべての存在者に共通する側面をあらわしている。

しかし、一方イエス・キリストの死と復活によって、聖父から派遣された新約の霊の特徴は、その悲愛《アガペー》を絶対的に行証したイエスを「聖主《キュリオス》といわせる霊」（コリント一二・三）であった。

したがってこれによれば、聖霊はキリスト教に所属しないすべての人々の心に働くものであると共に、一方イエスをキリストと自覚させる恵みの霊であるという二面をもつことになる。そしてこれこそ私がこれまでのべてきた「三位一体の場所」における大地的霊性と三位一体の聖霊の関係なのである。

神の子であるロゴスと聖霊の関係を最も深く追求したヨハネ伝の冒頭には「初めにみことばがあった。……みことばは初めに神とともにあった。すべてのものはみことばによって造られた」とある。この言葉《ロゴス》を神の子と考えると、キリストは、世の太初からあり、今あり、終末《おわり》まで在る。この世界のいかなる人も、いかなる物も、かれによらずに成ったものはないということで、その大地にまかれた神の種子は、すべての被造物にうめこまれ、インマヌエルの事実として成立することになる。そしてその種子は時到って聖霊の呼びかけに応答して発芽し、実に千態万様の霊性的自覚の形態をとって実現してくることになるであろう。

この意味で、滝沢克己の神学におけるイエス・キリストのペルソナの二重性、第一義の接触と第二義の接触も、ここにおいて深い意義をもって生きてくるといえよう。

つまりアブラハムの生まれる以前の永劫の昔にすでにキリストは在った。それは父母未生以前の自己として、私が気がつく前からおられたし、私の行くところ、立つところどこでも居られることになる。この意味でインマヌエルは人間の不滅の原点である。

このような神のかたちをもつものの「像」としてつくられた人間は、自発的に神にむかいながら、神に似たもの「肖」とならなければならない。しかし聖霊による愛は、強制されるものではなく、本来自由であるゆえに、愛の意識と自覚に欠かせない試練と誘惑を受けた時に、生の根源である生ける神を離れ、不安と死をとりこんだ実存的な生き方が私たちの世界となるのである。こうして失楽園の物語における生命の樹は、神の像の印を帯びた人間の永遠の故郷の目印となる。

こう考えると古代教父のいう「人間は生まれながらにキリスト教的である」という含蓄的信仰の意味がよく解釈でき、世界に広がる普遍的な諸宗教の中に、神のロゴスの輝きが内在している理由が明らかになる。そしてこのことは三位一体的聖霊論を前提することなしに、キリスト教を首尾一貫して説明することが出来ない根本理由である。

鈴木亨の「存在者逆接空」は、まさしくこの境位を哲学的・存在論的に表現したものであると考えられる。

しかし私の場合、この「存在者逆接空」が同時に「三位一体の場所」としての聖霊の場であるから、その母なる大地から無限の糧を汲みとりつつ、三位一体の神の子として、天に向けて枝葉を伸ばし、神の本性にあずかって新しい被造物となり、イエスを「聖主《キュリオス》」と呼ぶ恵みを受けるのである。

この境位がキルケゴールの宗教性Aに対する宗教性Bの立場に近いことはいうまでもないが、私の場合には日本的霊性的大地をふまえ、具体的な現存との交渉をもつことによって、はるかに生命的で多産的なキリスト像形成への招きを予感するものである。

この意味で井上洋治師の『日本とイエスの顔』は、日本人の血と基督教信仰の調和をめざし、生涯をかけて自己内生にキリスト像を刻んでいくという聖霊論的キリスト教の特質をよく表現した表題であると思う。

このように、聖霊論は究極的に体験のドグマティクをめざすものであって、はじめから教理学的な明確な信仰の体系を示しうるものではない。それを無視するというのではないが、それを信仰の安堵の枕とすることなく、理性を超えた客観、全人格的、生命の客観を求めるのである。したがってこの霊性的追求を求道性と言い換えることも十分根拠があることである。そしてこの探究はどこまでも個性的であって、しかも世界を映す趣きがなければならない。最も個性的・独創的であることが最も客観的・普遍的であることと「即」でなければならない。今、キリスト教の教会に求められている論理はこのようなものである。

その意味で「絶対無と聖霊」と題してこれまでのべてきた論旨は、私自身にとって避け得ない真実であるにしても、なんら確定的な一つの結論を示すものではない。したがってこの論文は次の論文によって補正され、乗りこえられるべき性質のものである。

しかしここである程度の確信をもっていえることは、イエス・キリストが生命を賭してそれを指示し、われわれに贈られた最深最大の贈り物が「聖霊」であり、これが仏教の指示する「仏性」と決して無縁ではないだろうということである。その類似性が深まれば深まるほど、その差異性も明瞭になるであろうが、最初にあげたリバス神父の「仏教でいえば仏性が、キリスト教的にいえば聖霊が、自分の中に宿っている」という直観には、否定しきれない真実があると思う。このことを解明し探究するのに、日本以上にふさわしい場はないといってよい。こういう問題を疎外して日本の神学や哲学の独自な展開が果たして望みうるであろうか。

しかしこのような問題に深入りするためには、よほど確かな主体的立脚地をもつ必要があるのであって、そのような種子的真理を内包せずに、いきなり根のない多様性の中に迷い込んだ場合には、ミイラ取りがミイラになる危険性なしとしない。私の場合、いつも「そこからそこへ」と立ち還る場所は、「三位一体の場所」としてのインマヌエル——神の場としての大地であった。そしてこの大地が、どういうわけか、私の生まれ故郷である東北の大地、宮沢賢治がイーハトーヴと呼んだあの清冽な風土に二重映しになるのである。

かつて私の若き日に、この片田舎にあって敗戦による精神基盤の喪失と、肉体の病いに苦しみ、どのように自己を再建しようかと模索している時、私の手にした田辺元の『キリスト教の辯證』は、私に鋭い知的興奮を喚起したことをよく覚えている。当時、私にはこの書のもつ固有な価値は何一つわからないながら、「現代の課題としてのキリスト教の辯證」や「宗教と神学と哲学」の関係、あるいは附録としての「キリスト教とマルクシズムと日本仏教」を包括する雄大深刻な思弁は、私の内面に不思議に深く定着したといえる。

ここでいわれているイエスかパウロかといった対立契機は、私にはそれほど重要とは感じられなかったが、ただ田辺が意図した「福音を神学の行き過ぎから切離し、前者の神国信仰を後者の中心たる救主信仰から区別し恢復することこそ、キリスト教を完全に神話から洗清めて科学と両立するものたらしめ、もって倫理と宗教とを統一する具体的信仰として、それを歴史的に復活せしめる途であると信ぜられる」(『キリスト教の辯證』一三頁・筑摩書房)というそのねらいは、私なりに理解できた。

田辺元は、その抜群の学識と思索的誠意を尽しながらも、結局はこれだけの重い思想的課題を荷うだけの具体的宗教的基盤を欠いたため、その後なんら見るべき成果をあげ得ず、霊性的根底なき思索の悲劇を自ら味わうことになったが、しかしその後、日本の思想界はキリスト教的世界に向って突っこむこれだけのドン・キホーテ的な博大な哲学者を生み出していない。

私の三位一体の場所的神学の志向は、まだこれといった形をとったものではないが、その聖霊論的思考のあり方を通して、田辺の問題意識を、カトリシズムの方向に展開しようとしたものだといえるであろう。

この意味で南山大学でのシンポジウム、「京都学派（西田・田辺哲学の伝統）とキリスト教」は、私の思索の方向に、ある歴史的位置づけを保証するもののように思われてならない。そして「絶対無と聖霊」の課題は、今や次第に歴史の中央に迫っているといってよいであろう。

五　カトリックとプロテスタント

（1）　私の中のカトリシズム

私は折にふれて、自分がなぜカトリックなのかについて考えることがある。日本の数ある宗教の中で、カトリックを通してキリスト教と出会ったことが、果たして偶然だったのか、必然だったのか。そしてそれが一般に考えられるように外国の宗教とか、切支丹の邪宗門というのではなくて、真に日本人の宗教であり、ましてそれが私にとって不可欠であるという根拠は、いったいどこにあるのか。

私はたえずそのことを問いつめながら歩いてきたような気がする。

そして私は元来宗派的偏見とか、こだわりにほとんど無縁な人間であり、空気のように出入自在でありながら、何故にカトリックで通してきたのか、あるいはなぜカトリックに留まっているのか、時に立ちどまって考えることがある。

しかしそういう自問自答には、理論的にこれといって、明確に答え得たためしはなく、かえってある「漠とした予感」に従ってきただけのような気がする。

ただはっきりいえることは、私の場合は、聖書研究といった一般的コースをたどらないで、それ以前に私の中に働くものがあり、それと実際に福音を生きぬく司祭像にあるものを予感したといった方が適切かも知れない。

　幸か不幸か、私の思考は生きて働くものでないと決して共感しない。その意味で私の「響存的理性」は触覚のようであり、常に全人格的予感が先行して、まず「響き」があって、それから思考が働く。しかしその「響存的理性」は単なる主観ではなく、真実の客観に向ってどこまでもその根源を問い求めてやまない。そういう根源的な感知力が私をカトリックに導いたのではないかという気がするのである。

　私はもとより聖書の重要性を軽視するというのではない。ただその重要性を、のちほど理解したということであって、私はどうしてももう一つの源泉として教会の聖伝として伝えられてきたものの無言の「身証」に深い魅力を覚えずにはいられなかった。

　それともう一つ、私の「響存的理性」に感知されたカトリシズムの特色は、その総合性・普遍性・統一性への英知であって、それが自己分裂に悩む当時の私に、日本の伝統にあるものとは異質の、新しい統合の原理をもたらすのではないか、という深い予感があった。

　今にして思えば、あれやこれやと私がカトリックに所属する理由があげられるが、それとてもごく一部でしかなく、やはり私の心底には、漠とした福音の種子が落下しているという方が適切であって、それが次第に生育して、それに相応した自覚的表現を求めているのだというほかはない。それがはたして真のカトリックの信仰を表現し、代弁しているものかどうか、私にはわからない。そういう意味で私の思想は、あくまでも「わが内なるカトリシズム」でしかない。

このような体験からいって、私にとっての信仰真理とは、あたかも霊的萌芽、全包括的ロゴス的種子のようなものである。それは一つの生命体として、一方では私の魂の大地である伝統的な日本的霊性・文化の領域に根をはり、そこから無限の英知を吸いあげ、活力を得ると同時に、他方では私のあらゆる思考、経験を統合しながら、霊性の全一的開花、結実をめざして天に向って静かに伸びあがる、そういう二面性をもっている。そしてこの生命の全一性が、私にカトリシズムを希求させるのである。

以上のような観点から、私が孤独なライフ・ワークとして一貫して追究してきたのは、西田哲学を媒介とする日本のカトリック神学の基礎づけであるが、それとても私の学問的探究というよりは、私に胚胎した福音体験の深化徹底にほかならず、どこまでも私の内なる「内在的超越のキリスト」の探究なのであった。

そのための一つの試論として、日本的霊性とキリスト教の接点を見出すために書いた「絶対無と聖霊」は、従来のキリスト教を「聖霊論」から見直す試みであるが、これも決して組織神学的弁証論ではなく、あくまで「私の内なるカトリシズム」の生成の記録にすぎず、その探究の足跡にとどまる。しかしながらそれが種子的真実の追究である限り、何らかの意味で私の思想の全体がそこに「プロセス」として反映していることも否定できない。

この意味で私は、本来、専門の神学や哲学と無縁な者であっても、生きた信仰さえ保持しているならば、なんらかの体験思想を生み出すと考えるものであって、それに目鼻立ちをつけ、明確な自覚をもたらすものが、本当に生きた神学や哲学であるはずだと思う。

私の志向する日本の神学としての「聖霊神学」は、極めて未熟な試みとして、なんらの体系性を備えていないが、どうしても避けることのできない必然の道なのだと私は考えるし、その道を徹底するところにプロテスタントをはじめ、諸宗教との真の出会いがあるような予感がしてならない。

(2) 日本カトリシズムの胎動

しかしながら私が、個人的にいくらこのような発想で日本の神学の基礎づけにふみ出したとしても、そのような思想の土壌が十分耕されているのでなければ、決して成長し、展開していくものではないと思う。

特に歴史にみられる精神史形成の法則性は、必ず感性からはじまって、次第に理性や霊性の領域に波及してくるものであることを思えば、この日本において哲学や神学が先行することは、ほとんどありえないと考えられるからである。

そのように捉える時、現代の日本にみられるさまざまな精神活動の中で、最近のキリスト教作家、特にカトリック作家に代表されるめざましい活躍は、明治以後のプロテスタントの果し得なかった領域を奥深く開拓しはじめており、この創造の裾野は将来広がる一方であると私には思われる。

なぜなら、そこには、これまでの日本近代の流れを代表してきたピューリタン的キリスト教とはかなり異質の、日本の大地により深くくいこんだキリスト教理解が打開されてきているからであって、とくに信仰と文学、宗教と文化のかかわり合いの把握が、単なる二律背反に終らず、より受肉的であり、ある程度両者の相即が可能になってきていることが注目される。

例えば椎名麟三は、途中でドストエフスキーを知り、そこからキリスト教に入り、キリストの真の生命、即ち復活の生命にふれて真の救いに窓を開いたといわれる。しかしこれは椎名に限らず日本人の心情をある程度代弁したともいえるのであって、決して偶然のことではない。

なぜならドストエフスキーにおいては、信仰体験即神学といったギリシヤ正教の思想が深く作品に滲透しており、椎名はその手法を自分のものとして応用しながら、逆に自らの魂を見開いていった。しかし椎名はついにそれを日本的感性にまで具体化することが十分でなく、何となく晦渋深刻な表現に終始したことはやむを得ない。

ではつぎに、彼と並行して登場し、ますますユニークなカトリック文学を展開している遠藤周作の場合はどうであろうか。

この点について私は、武田友寿の最近作『内村鑑三・青春の原像』（日本YMCA同盟出版部、一九八二年）を読み、類書にない示唆を受け、深く啓発されるところがあった。それはとくに第二部の「宗教と文学・近代の構図——内村鑑三と背教文士達」で、内村鑑三——正宗白鳥——遠藤周作とつながる問題点を掘り下げた箇所であった。

そして私が一読してこの著書の新鮮さに心ひかれたのは、内村を起点にして、日本の近代と近代文学を再考するという著者の視座がカトリシズムに置かれていることであり、そこから内村、正宗、遠藤とつながる一線を照射するとき、これまでみられなかった従来のキリスト教受容の底の浅さと問題点が、一層あざやかに浮彫されてくるからであった。

また私が氏の著作から学びとったもう一つの点は、遠藤文学のもつ「変容の豊饒性」の指摘であって、これは実に興味深く、私たちを考えこませる。

氏によれば、これまで遠藤文学は特に『沈黙』を書いて以来、さまざまな評価と批判を受けてきたが、しかし真の批評は、彼の文学の全営為の底を流れるものの「変容の豊饒性」に気付くことなしに確立されるものではないという。ではそれを一貫するものとは何かという場合、結局のところそれは、「一日本人のなかにキリスト教が受け容れられ、育ち、そしてその人の精神や思想に豊かな成熟をもたらすとはどういうことなのか」という問題意識に集約され、遠藤自身、幾度も危機を体験しながらこれを踏み越えてきたはずだと氏は指摘する。

そして、ことに遠藤が「『イエスの生涯』『死海のほとり』を書いた時期は深刻な危機を表象しており、もしも遠藤が『キリストの誕生』『侍』への軌跡を展開することがなかったとしたら、あの秀作『沈黙』は近代日本文学史上、最大の背教小説として記録されたであろう」と断言している。

さらにここで極めて象徴的な意味で使われている『キリストの誕生』は、おそらく氏も指摘しているように、一人の作家の内部で、イエスがキリストとなる誕生の秘義と軌跡を示す重要なことばであって、これは遠藤よりも、より神学的な井上洋治神父の『日本とイエスの顔』『私の中なるキリスト』と、どこかで深く交錯するものがあると思う。

このように両者がそれぞれの道を辿って到達した共通課題が、キリスト教と日本、普遍的信仰と日本的心性の問題であることを考えれば、この歴史的、本格的な営為の中に、日本カトリシズムの胎動を予感したとしても決して不自然なものではない。

私は日本におけるカトリック作家の活躍は、今後一層広く深く日本の大地にくいこんでいく可能性を予感するものの一人である。

(3)「母なる宗教」の問題

これに比較して日本におけるキリスト教神学や哲学の歩みはどうであろうか。

この点比較的活発であり、みるべきものを加えたプロテスタントに対して、カトリックの場合は、これまでの西欧神学への依存と、自立性の乏しさからみて、極めて困難な状況にある。しかし、ある意味でこの日本カトリシズムの誕生は、文学から次第に神学や哲学の領域に及ぶことは必至であり、今後その可能性は極めて豊かなものがあると思う。

例えばその一例として永藤武が『日本カトリシズムと文学』(大明堂)の中で指摘しているように「大筋から見て井上、遠藤両氏のキリスト教、イエス像の受けとめ方が、西欧キリスト教における父性的宗教から大きく母性的宗教へとその座標軸を移行したところに成立したものであることは否定できないであろう」といわれていることは、一般に予想されているよりも、はるかに大きな宗教思想上の問題を内包していると私は予想している。

この点は、さらに引き続いて「ただし、その日本の〝母型文化〟と〝母性宗教〟の内実についての厳密な研究、そして更にそれがカトリックの普遍性の問題にいかに関わって展開していくのかといったことは、なお今後に残された大きな課題である」としていることに、はっきりと反映している。

しかし問題は、ここで終らないのであって、さらに展開すべき課題としては、一方で日本的霊性の母性宗教の一面を深く開拓すると同時に、やはり真実のキリスト教であるならば、日本での真の意味の父性的宗教の側面の摂取と確立は、それと相即しながら全円をえがくべきであり、独自な第三の道が志向されなければならない。

考えてみれば私のいう「三位一体の場所」とは大地にほかならず、キリストの体なる国として「母なるもの」の根源をさしており、上に上昇的超越者として「天にいます父」を仰ぐことができると共に、根底的下降的超越の方向には地にいます「母なるもの」に無限に沈潜していくことができるのであって、それを一如として捉えたカトリック的把握であった。

そしてこの両方向は、ともに聖霊の促しによることであり、井上神父の「悲愛に生きたやさしいイエス」も、遠藤氏の「苦を共にする同伴者イエス」も、この内在的超越の方向にたどられた日本人としてのイエス像形成の歩みから出てきたものであって、ともに信仰の霊的自覚、身証の表現というべきなのである。

以上のことから私が考えさせられたことは、今後の日本人は、真のキリスト教体験に基づいて、自分の言葉で本当にこなしきって根源的に問うことを始めるべきだということであった。

そして今後の大きな課題としては、ヨーロッパの「父性的宗教」の神学的傾向に対し、大地の神学とでもいうべき「母性的宗教」の神学を深く開拓することによって、その両者を総合する立場をとらなければならないということである。そしてそこに私は東洋と西洋の真の媒介点に立つ日本のキリスト教神学の、かけがえのない本来的使命を予感するのである。

この点で私の視界に新しく入ってきたすぐれた先覚者は、新井奥邃《あらいおうすい》であり、端的に神を父母神と把握する卓抜さには、まったく瞠目するほかはない。

彼は私のみるところ、明治以後のキリスト教界の中では最もすぐれた霊性の人であり、その語録を盛った『奥邃広録』(五巻)は、道元の『正法眼蔵』に比すべき深淵幽邃なものであるが、その内容はまったく破格な体験的、聖霊論的キリスト教であり、汲めどもつきぬ福音の源泉となっている。
しかしそれにしても「父母神」とは聞きなれない言葉であり、人によっては直ちに不安になり、聖書のどこに書いてあるかなどと気をまわしたくなるであろうが、これを既成の神学概念などで軽軽に評価してはならないことは、彼の信仰思想全体が、有神無我と二而一の思想によって貫かれていることによって明らかであろう。
参考のために一、二彼の神観を示す語録をあげると、つぎのようである。
「神は本根の本根也。神は万葉の万葉也。……父母の父母。万有の父母にして、又万有に充実す。其表外は父位に属し、其内容は子に属す。神也。惟一真神也。」（『奥邃広録』第五巻・難録）
「神は真実の人にして宇宙万有の父母神なり。神其肖像を造り、之を名づけて人と曰ふ。乃ち男、乃ち女、斯く人は本来神の肖像にして二而一なり。故に男女各々本源より永遠の定倫ありて、其永倫に於て実に是れ人たり。乃ち神の肖像なり。故に各女自体は半人而己。各男自体は半人而己。各男各女、神に於て本源微妙に永倫なりと雖も、神門なる時の未だ其人に至らざる、未だ聖書に因りて永今の婚福を箇人に成さず。故に未だ之を成人と謂ふべからず。」（同・第四巻）
これをみると奥邃は、従来の父なる神をいささかも否定することなく、しかもその中に含まれる「母なる宗教」の要素をも深く洞察して、神がご自身にかたどって、人を男と女に造られたのなら、その原型である神は当然男女であり、父母でなければならないという論理を一貫させている。

しかし一方、奥邃は「大父母なる神は、世の父母を以て譬ふべからず」というように表現上の枝葉には一切とらわれておらず、これは「天上天下、経に緯に、唯一生息を以て永遠に還施する真実生命の動静」（同・第三巻）を伝えるものとして、この生きた働きを端的に父母神といっていることがわかる。したがってこれはすべてを生み、すべてを生かし、すべてを支える聖霊の全一性をさし示そうとする表現であって、イエス・キリストへの真摯な信仰を通して、永遠の生命を直指しているのである。

奥邃は維新後の最初の留学生として、長期アメリカに滞在し、広い意味でプロテスタント系の人物といえるであろうが、若年の頃函館でニコライに接したこともあり、一種独自な道を打開した全く異色のキリスト者であった。したがってこの思想が日本のキリスト教界に素直に受け入れられるとは私も考えないが、ただ、遠藤や井上師が提起した「母性的宗教」の意味は、プロテスタントたるとカトリックたるを問わず、日本人としてキリスト教に根源的に対面するとき、決して避けて通ることはできない霊的課題であると思う。

（4） 信仰の根源回帰

このように考える時、私の立場はあくまでもカトリックであることをしみじみ思うのであるが、しかしそうかといって私は他のプロテスタントや諸宗教に対して、なんらの対抗意識をもつものではない。なぜなら私にとって他の諸宗派から学ぶものが無限だからである。否、学ぶということもすでに不適当であり、心底尊敬すべき「汝」としての意味をもっている。そしてそれは聖霊論的キリスト教のもつ真の自在さであり、カトリックがカトリックでありつつ、自己の全開放の姿勢といってよいであろう。

その意味で聖霊論的キリスト教の論理は、あくまでも三位一体論的であり、矛盾的自己同一的であり、従来の枠を乗りこえているといってよい。しかしながらこの自在さは正統への意志を放棄するという意味ではなく、真の普遍は、一の多、多の一であり、自己を否定することなしに、他を包摂することはできないという信仰それ自体の要求によるのである。そしてこの場合、「正統への意志」とは、「根源への意志」と言い換えて何ら差しつかえない。したがって根源への意志を失った宗教は、生命力を失った宗教と考えてよいと私は思う。

この意味で私は、立場はカトリックでありながら、近代日本を切り開いていったプロテスタントの先達から学ぶものは数多くあり、とくに三位一体の神の交わりにあずかる個我の人格の働きの明確さと透徹は、その多彩さと共に、日本精神史に不滅の足跡を刻んだものと考える。

しかし長所は常に一方では短所でもあって、信仰の基準や聖書解釈も、各自自由に精神的な解決をするために、十分に絞りがきかず、勢い各分派の支離滅裂となって、集中的エネルギーになりにくいという傾向もないわけではない。

そしてここからして、欧米から多岐に分裂し、確執をくり返しながら日本の布教に乗りこんできたキリスト教の各分派が、はたしてその真髄を伝えるものであろうか、という疑惑の目をもったとしても決して不自然なことではない。

この点、日本の近代プロテスタント史の中で、最も早くこのことに気付き、当時のプロテスタントとカトリックをともに批判しつつ、根源的キリスト教への回帰を唱えたのは、植村門下の逸材、逢坂元吉郎であった。

彼の思想は、石黒美種によってまとめられた『逢坂元吉郎著作集』（新教出版社）に明らかであるが、今からふりかえってみても、驚くべき公平な卓見であり、プロテスタント・カトリックの双方が共に耳を傾けるべき識見に富んでいると思う。しかも彼はこの解決を内村鑑三のように、「無教会主義」といった恣意的方向に求めるのでなく、かえって教会分裂以前の根源に立ち返って出直すことを要求しており、「日本公会の建設」は彼の見果てぬ夢であった。
彼の孤独で清冽な呼びかけは、現在でも依然として預言者的な荒野によばわる声に過ぎないが、しかしつぎのような日本キリスト教の現状把握には、十分耳を傾ける価値があると思う。

「欧米の基督教は……要するに四分五裂の基督教である。そしてこれを輸入したのが日本の基督教である。これ過去および現在にわたる我らの当面する基督教であるのだ。……時は今、昭和十五年に於てこの運命の一端を語る合同運動が抬頭しつつある。これ時代の刺戟からである。しかし、……合同はプロテスタントのみでなく、カトリツクもギリシヤ教会も一つとなるのでなければ無意味である。……さて……今一度日本に於ける過去の基督教を顧みて述ぶる必要がある。それは繰り返していうまでもなく、真に不徹底の基督教であつた。

……日本における基督教は斯くして移植された。しかし、その状況は……同様に基督教であるけれども、実は黒白とりどりのものである。これに対して日本は白紙である。……しかし、これを迎えた者には罪はなかつた。ただ彼らに当時批判の力がなかつた。」

（『逢坂元吉郎著作集』中巻、「VI　日本におけるキリスト教の展望」）

逢坂は、このような現状認識から出発して、十六世紀以降のローマ・カトリック対プロテスタントの問題を公平に批判し、その真の解決のためには、さらに東西両教会分裂以前の教父たちの清き源流に遡って見返す必要があると訴えている。

その場合、これを具体化する方法として、教父学の研究が提唱されるが、入門としてはアウグスチヌスから始めるのが捷径であろうという。なぜならそのあたりがプロテスタントとローマ・カトリックの分岐点であり、緩衝地帯であると考えるからである。

そしてここには、ギリシヤ教父の「実践即神学」であった時代に通ずる道もあり、彼らがいかにしてギリシヤ思想から啓示宗教に赴いたか、またそれを殉教をかけて実証したかにふれる一番肝要なものが数多く埋もれているのだという。

逢坂は若年の頃、哲学者・西田幾多郎と気概を通わせ、禅に没入した時期があったためであろうか、いささかも既成観念にしばられることなく、信仰の根源を求めて溯源し、水清き「古カトリック」につきあたり、そこから本物の福音と教会像を志向していったことは、真に驚嘆に値することであると私は思う。

彼は最後には「ドストエフスキーこそ真のクリスチャンの型を教える」とか、「自分は日本のニューマンだ」とか語られたそうであるが、これは私にとって深いゆさぶりを与える言葉である。なぜなら、私が「絶対無と聖霊」において試みた思想展開は、ほぼこの線に即応しており、特にロシアのニューマンといわれるソロヴィヨフを媒介にして「三位一体の場所」を把握したことは、逢坂の理念を現代に生かすことに通じており、そこに偶然の符合とはいえないものを実感するからである。

（5）今後のキリスト教

しかし一方では、逢坂の模索したこの方向が、私の思惑を超えて、いかに正当な根源的洞察を含むものであったかは、一九六二年から一九六五年にわたった第二バチカン公会議以後の、驚くべき変貌と、その革新運動の中に読みとることができるように思う。

周知のように、第二バチカン公会議の基本的なねらいは、カトリックの基本的な不変性を裏切ることなしに、いかに教会を現代化するかというアジョルナメント（aggiornamento）にあったとみられている。したがってその具体的目標としてはそのことを反映して次の四項目があげられている。

つまりその内容としては、（一）教会の本性の深い自覚、（二）教会内の刷新、（三）キリスト教会の一致としてのエクメニズム、（四）現代人との有効な対話の増進などがあげられる。

この基本方針は、守りの姿勢に徹し、旧套を墨守するかにみえたカトリックに、地軸をゆるがすような激震を与えたが、今はかえって身軽となり、現代に青春性を回復して、現代の日本のカトリックを根底から規定するものとなっている。この意味では、カトリック教会のこの自己刷新と変貌は、逢坂の期待をはるかに上まわる程のものであるが、しかし実際の成果としては、未だ時間不足で、すべては今後のことに属する。ただこれによって日本のカトリックは、従来予想もし得なかったダイナミックな姿勢に転じ、自己本来の課題に取りくみつつあることは確かである。そして先にあげたカトリック作家たちの活動も、間接ではあるがこれと無縁なものではあるまいと思う。

しかしその場合、なによりも重要なのは、表面的・一時的な運動や現象ではなく、さらにその奥深くを流れる理念であろう。その意味で今想起すべきカトリックの基本理念は、ニューマンの教理発展の理論における「原初的理念」としての啓示(the original impression or idea)の考えではないかと思う。

ジャン・ギトンによれば、第二バチカン公会議の思想は、ある意味でニューマン的であるといっているが、それもこの考えと無縁ではないはずである。ただここでいきなり原初的理念などといっても、私にも説明は困難であるが、一般的にいって、ある種子的な無限の潜在能力のようなもので、原啓示を教会の歴史的な場を通じて、より完全な神的真理の体系に導いていくエネルゲイアといってよいであろうか。ニューマンはこれを一粒のからし種にたとえているが、誠に適切な比喩であって、教理的命題はこの原初的理念の、時代的、知的表現と考えられるのである。

したがってこの聖霊のはたらきとでもいうべき永遠の啓示の種子的生命体は、教理的命題の相互間の裂け目を埋めつつ、時代的表現を乗りこえた教会の自覚と統合をもたらすものといってよいであろう。

私はこの問題に深入りする余裕はないが、ただここで思うことは、私が最初に問題提起した種子的真実と、ニューマンの原初的理念は、どこか似通った性格をもつということで、絶対的な全一的真理は歴史的な遍歴を伴うことの深い証左であると思う。そしてこのことはなにも真理の相対性を意味するものではない。それどころかこの世界の成立が、絶対矛盾的自己同一的に形成されたものである限り、その様態は「存在者逆接空」であり、絶対者から贈られない独立の存在など何一つとしてありえないのである。

このように考える時、日本におけるキリスト教のあり方は、なによりも自己のよって立つ足場の底を抜いて、根源へ根源へと遡及することなのであり、宗教的論争に大半のエネルギーを費すことなどが、いかに空しいものであるかが、はっきりと自覚されてくるのである。

また日本における諸宗教と汎神性が、キリスト教の土着化をさまたげ、その根を腐蝕させるというような意見が一般的であるが、はたしてそうであろうか。それは恐らく日本におけるキリスト教の自覚が未だ小乗的であり、真に一神教と多神教を止揚する絞りの宗教である神の三一性の全容に接しえず、ましてその生命的要素であり、復活的自在さをもつ聖霊に透徹することのない不徹底さから来るものではあるまいか。

私の疑問と期待は、それからそれへと続き果てしないが、ただ私たちの直面する課題が、初代教父時代に酷似したものであることだけは、はっきり断言しうると思う。

私の霊性的な思索の旅が、今後どのような方向にむかい、どこに到達するものかまったく予想がつかないが、ただわが心の大地に発芽した福音の種子を、開かれたカトリシズムとして実現する道をどこまでもたどっていきたいと願うのみである。まず自らの畑を耕す、これが仕事の常道なのであろう。そしてそこから、木はその実によって知られるという道が、真のエクメニズムなのではあるまいか。

第三部　現代世界と日本哲学

六　近代日本の哲学とカトリシズム

――西田・田辺・鈴木（亨）哲学との出会い

（1）序論——私にとっての西田・田辺・鈴木哲学

私がここにかかげた「近代日本の哲学とカトリシズム」という論題は、これまでのところ、日本では一度としてまともに取り扱われたことのないテーマである。その上さらに副題としてつけ加えた「西田、田辺、鈴木（亨）哲学」という日本の哲学史的位置づけも、いかなる根拠に基づくものか、十分の説明を要するところであろう。

したがってこの両契機をふまえて、カトリック神学の日本的展開を企画する私の試みは、あるいは思想家の節度を逸脱した無謀な発想と映るかも知れない。このことは、日本においてカトリシズムが未だに受肉せず、十分の市民権を得ていない現在においては当然の危惧というべきである。

しかし私にとっては、そのいずれも単なる評論的思いつきなどではなく、はるか以前から私の内面深く胚胎した着想であり、無為自然の結晶と熟考の末の結論であった。

そして近代日本の哲学とカトリシズムの関係も、一般に考えられているほど疎遠なものではなく、むしろ世界精神史の新しい潮流に着目すれば、その歴史的先端においては、かえって相互に求め合う最深の出会いが準備されつつあるといってよいであろう。その一つの徴候は、第二バチカン公会議以後のカトリシズムの捨身の更新とその胎動であり、その余波ともみられる日本のカトリック作家の活躍ぶりである。胎動する時代の徴候はまず文学の中に表現されるのであって、それに続く一連の精神的出来事を予徴しているのである。これに比較して、哲学や神学は、はるかにゆるやかに、しかもゆっくりと根源的に動き出すであろう。

私はこれまで、西田幾多郎や田辺元に代表される日本近代の哲学を、「日本的霊性の自覚の論理」として把握し、これらの哲学を基底として、いかにしてカトリック神学の日本的展開を図るか、その方途をさぐろうと試みてきた。それは極めて未熟な試みではあったが、まったく止むに止まれぬ私の衷心よりの希求であったといわざるを得ない。

考えてみると、私たちの少年期、あるいは青年期にさしかかる頃は戦時中であったし、その自己形成は敗戦の混乱のただ中で行なわれた。教育環境はまったく整備されていなかったし、なにもかにも価値が転倒したような激変のさ中である。敗戦と外国軍隊による占領という史上はじめての酷烈な体験が、多感な青春に何を刻印したか、それは人さまざまであろう。私の場合は、それまでの信念体系の根底が吹きとぶ歴史的ニヒリズムの体験であったが、以来私は歴史に一貫するものを求めて遍歴し、幾度となく実存の座礁を経験しながら、カトリシズムの岸辺に到達した。

しかし魂の究極の立脚地をカトリシズムに求めても、哲学や神学思想まで、全面的に既成の遺産に依託するわけにはいかなかった。こうして霊性的にも理性的にも七花八裂の自己分裂を経験しつつ、知的修羅の相貌を呈しながら、ようやくにして私に定着したのは西田哲学であった。何故にこの両者が私の場合の動かし難い根拠なのかは、容易に自覚し得なかったが、のちほど「日本の神学」の可能性に思いをひそめるに及んで、それが次第に明瞭になってきた。そしてその実体が明確になる度合いに応じて、少しずつこれを論文として表現してきたつもりである。

その場合にも私は、「キリスト教と仏教」というような比較宗教学や比較哲学のテーマで論じたことは一度もなかったし、もっぱら「西田哲学とキリスト教」という特殊な主体的テーマのみを追い続けてきた。これは今考えてみれば、極めて摂理的な探究の仕方であったと思う。何故なら私は、このような方途をたどってのみ、はじめて両者の出会いの接点を「三位一体の於てある場所」と把握しえたからである。

何の変哲もないこのような命題の発見こそ、「日本の神学・方法序説」における私のデカルト的コギトの原点なのである。

このように、日本人としてキリスト教とは何かを根本的に考え、真のキリスト教体験に基づく根源的問いをつきつめていく時、どうしても私はこの命題につき当らざるを得ないのである。そしてこれは啓示真理の核心を三位一体の論理として把握し、人間自覚の最根源的論理を場所と捉え、これを外から結びつけて折衷したような安易な思いつきなのではない。またあるいはデカルトのように方法的懐疑の末に到達した近代的自我のコギトの原点でもなく、敗戦以来、歴史的ニヒリズムの体験を透過しながら、ようやくにして到達した、すべてが「そこからそこへ」と回帰する霊性的・自覚的表現なのである。

私はこの「場所」の自覚に到達してから、ようやく押せども引けども動かざる底の大盤石の思想的原点を持つに至ったが、それは西田のいう場所が信仰の座であり、大地という性格を持つものであるから当然の帰結といえよう。

このようにして、日本におけるキリスト教神学の哲学的基礎は「三位一体の於てある場所」にあることが了解されたが、しかし問題はそこで終結しているのではない。西田によって端緒づけられた「場所」の思想は、後年、その後継者と目された田辺元によって峻烈に批判されているように、まだまだ十分な完成度に到達していない。そこに私は、田辺哲学や鈴木亨氏の哲学などの重要な意義を見出すのである。

私はかつて「田辺哲学とキリスト教の辯證」と題する論文の中で、結局のところ田辺哲学の業績の中で、最高峰というべきものは「キリスト教の辯證」であり、絶対媒介の弁証法を駆使して構想された「絶対宗教」の理念も、ついに「三位一体の於てある場所」の的確な把握に到達せず、日本的霊性的大地の場所的定着性まで失って、四分五裂し、絶対批判に終始せざるを得なかった根本理由を考察した。

しかしながら、「懺悔道の哲学」から「キリスト教の辯證」に至る宗教哲学的な遍歴と探究を通して、田辺が果した大きな功績は、たとえ一時的にもせよ、西田の絶対無の場所の究極性を突き崩し、その基礎をよりキリスト教の側へと傾斜させて、啓示真理への媒介を試みたという点にあるであろう。

ここで田辺が企図した根本志向は、「プラトニズムの自己超越と福音信仰[2]」に見られるように、日本の宗教哲学の重要課題である「イデアリスム」・「絶対無」・「神」の、絶対媒介の哲学による「統合」の現成を図ることにあったが、結局のところ、自らの哲学の抽象性のために、霊性的自覚の場所的把握に透徹せず、さらにキリスト教の側にも仰ぎ見る対象を見出し得ずして、遂に再び「memento《メメント》 mori《モリ》（死を忘れるな）」を行ずる禅的自覚の立場に回帰したのであった。このことは田辺哲学にとっては必ずしも発展とはいい難く、北森嘉蔵も指摘しているように、これは当時の教会の神学的貧困にも原因があるのであって、田辺博士を教会の裾野の中に位置づけ得ず、最晩年にもう一度禅仏教の裾野へと追いやったことは、誠に残念なことであった。[3]

こうして、西田哲学から田辺哲学への発展は、種の論理の確立という重要な貢献を除いては、まだ十分の結実を得ないまま途絶しているが、この西田・田辺と流れてきた真正の哲学的精神を現代に生かし、その根本問題である「実在的世界の論理構造」の解釈と展開において、際立ってめざましい前進を見せているのは鈴木亨である。

私が鈴木亨の哲学に深い関心を持つようになったそもそもの動機は、最初に手にした『実存と労働』(ミネルヴァ書房)の、切実な現実的課題を踏まえた卓抜な思想展開にあったが、その中の「自然史の判断的過程」では、西田、田辺と続く本格的な哲学的論理の、未解決なアポリアが、実に明快に解答されているのをみて、深い感銘を禁じ得なかった。しばらくして、続いて読んだ「響存的世界」(三一書房)においては、「実存の非人称的判断構造」をテコに、①実存から、②労存を経て、③響存に至る実在的深化発展の過程を、論理的には、述語・主語・繋辞の推論式的世界の展開と捉える見事な解決を示しておられる。そしてこの論理構造の中に、「三位一体の生ける判断」を見る氏の洞察は、まったく他の追随を許さぬ独創的見地であり、私の思想との親近性を改めて強く意識させられた。

そして西田哲学の論理的課題の中に内在し、西田自身も十分に気付くことのなかったこの命題判断における論理的三位一体性を、全哲学の根底となる公理として引き出すことは、たとえヘーゲルの論理学にその示唆がみられるにしても、これは実に容易ならざる洞察力であると私は思う。

こうして私は、西田・田辺・鈴木哲学の三者との遭遇によって、私が永年考え続けてきた「三位一体の於てある場所」という把握が、いかに実在的根拠をもった日本の「哲学的神学」――あるいは「全一学」の基礎であるかということにはじめて得心がいったのである。

氏の哲学を要約するかにみえる「存在者逆接空」の思想が、私の思想の中核ともいうべき「三位一体の於てある場所」と相蔽い、摂理的に一分の狂いもなく対応する点においては、まさしく日本におけるカトリック神学の待降節的地点というべきであり、むしろ神学と哲学と科学がすべて「そこからそこへ」と限定されてくる「全一学」の場――滝沢克己の言葉を借りれば、真の意味の「神・人学」が開示されてくる原点がそこにあるとみてよいであろう。

しかも鈴木哲学における「存在者逆接空」の実在把握は、キルケゴールに代表される実存主義とマルキシズムとの「労存」的把握による総合という現代哲学の最も切実な課題から導き出されてきたものであり、ニーチェからハイデッガーに至る無神論と、西欧哲学の危機意識を十分に踏まえて、その解決を呈示しようとする博大な悲願の論理的表現なのであり、この「逆接」という用語の中に、西田の絶対矛盾的自己同一の論理が媒介され、さらにこの関係が①不実(体)=空、②不一、③不二、④不逆の四契機を内に含んだものとして、西田哲学を超えて「三位一体の於てある場所」の真相にそのものとして肉薄しているのはまことに壮観である。

しかも氏は、このような前提から、西田の場所が、「永遠の今」を表現するのみで、逆に「過程的契機」を欠落し、現実との対応を稀薄にさせていることを批判し、「過程的場所」の独自な思考様式を呈示する。こうして西田に果すべくして果し得なかった実存的自然史の未踏の領域が切り開かれてくるのである。そしてこのような本格的な哲学の出現は、ともすれば、宗教を内部的世界の出来事に屈折させて特殊化し、深大な霊性の働きを忘却した現代神学に、本来的故郷への還帰を深刻に呼びかけるものといってよいであろう。

氏は自らの立場を「私の無神論は空即神論であり、私の唯物論 materialism は mater(母)すなわち母なる自然(大地)にほかならない」と、いっておられるが、「〈無なる場所〉としてのウー・トポスは万物をしてそれぞれの所を得しめる無底なる真実の場所として非在するのである。それゆえに、万物はそれぞれの真の所を得るまで自己に休らうことなく、その真なる場所に向って進動して止まない。それはわれわれに人類の物質的生産における人と人との疎外からの脱却としての人と人との統一を基礎として、精神的人格的世界における疎外の克服としての絶対空の愛の促しへの応答を求めてやまないのである。バイブルの『語らず言はずその声きこえざるにそのひびきは全地にあまねし』（詩篇・第十九節三）はまさにこの響存的世界の跫足にほかならない」[4]といっているが、実はこれこそ、私が永年取り組んできた西田哲学の聖霊神学的展開と深く呼応するものである。なぜなら「三位一体の於てある場所」とは、具体的には「聖霊の場所」を意味し、さらにそれは聖霊を受取る能力としての「母なる大地」を意味するものであるからである。

私は、この方向にはじめてカトリック神学の日本的展開の可能性を見出すと共に、西田・田辺・鈴木哲学が開拓し来った日本近代の哲学が、いかに大きな意義を担うものであるかに改めて深い感慨を覚えずにはいられない。しかし土台は今築かれたばかりであり、今後予想されるはるかな課題を思えば、そこに留まり、安息することは許されないであろう。

私はこのような問題意識の前提に立って、日本精神史の中核から、西欧精神史の最深の根底ともいうべきカトリシズムの受容に一歩を踏み出したいと思う。

もとより、ここには既成の整理されたアスファルトの道路は一条といえども存在していない。辿る道は茨の、どこへつながるともわからない茫洋たる道である。そこで私の選んだ道は論理への着眼と洞察であった。論理はもと実在的世界の表現の形式として最も確かな思索の方向性を示すものである。したがって西田、田辺、鈴木哲学が実在の論理の探究に重大な関心を寄せ、そこにすべてのエネルギーを投入するかにみえるのは深い根拠あってのことなのである。

　そして絶対矛盾的自己同一から三位一体への私の活路も、このような実在の論理への関心なしには、決して切り開かれてこなかったと思うのである。

(2) 日本の神学の哲学的基礎

(イ) 大地性の哲学としての西田哲学

　以上のように、前章で私は、近代日本の哲学の主流を、西田・田辺・鈴木哲学と流れる一線上に確定しようとする試みをのべた。そしてその根拠は、私が独自に考え続けてきた思想の生命線である「三位一体の於てある場所」を受けとめる論理的条件が、この三者をまって、はじめて可能となるという根本的事実からの主張であった。

　しかしこのような評価は、単に私一人の独断と解釈には留まらないのであって、いち早くこの点に着目して、現在わが国で西田・田辺哲学を発展的に継承している唯一者として鈴木亨を推しているのは、森信三である。この点私は余人の追随を許さぬ英知の人である森の洞察に深い敬意を捧げるものである。

ただ鈴木は現在活躍中の人であり、今ようやくその土台が完成し、さらに発展して主著「実在的世界の論理構造」(5)が進行しつつある現在、安易な断定的評価は避けなければならないが、ただ最近の著書『西田幾多郎の世界』(勁草書房)を見てもわかるように、西田哲学に対する理解の深さ、鋭さ、あるいはその独創的展開力において、かつての京都学派系の人たちにくらべても群を抜いている。

それゆえ、私は鈴木自身が西田哲学をどのように現代に生かそうとしているかを参考にしつつ、私の見解をのべようと思う。幸い氏の著作には、このことは随所に展開されており、比較的明瞭に窺い知ることが出来る。例えば先に挙げた『西田幾多郎の世界』では、自らの哲学的課題と使命を西田に託して次のように表現しておられる。

「わがくには明治の開国以来、今日に至るまで西欧のさまざまな思想を輸入し追求してきたが、古典哲学や現代哲学および哲学史の領域においては世界の一流の水準に達する業績が少くないけれども、真に日本民族の伝統に根差す独創的哲学体系を樹立しえたものはきわめて少いのであり、西田哲学はこれの基礎を達成したほとんど唯一の思想体系である。

われわれが真に世界史の今後の行方に寄与するためには、日本人の生み出した先人の個性的な思想を十分踏まえて、それを批判的に継承発展を通して、初めて可能となるのであり、わが西田哲学はその最も巨きな遺産と言いうるであろう。彼が最後まで求めて闘ったものはわれわれ人間の究極的支えは何かということであり、それを現実の世界の根本構造を明らかにすることを通して見出したのであった。私がそれを批判的に吟味しようとするゆえんである。[6]」

この叙述は、第一章でのべた私の思想的意図と極めて近く、いわゆる西田哲学をもって近代日本の哲学の礎石とする立場を堅持するのみならず、またかつて田辺教授の講席に列した氏としては、さらにそれらの哲学的精神を継承し、批判的・主体的に現代に生かそうとするきびしい学問的な態度で貫かれている。

しかも、西田哲学の求めて闘ったものが、「人間の究極的支えは何か」ということであった以上、われわれの根底を流れる日本的霊性の理念が、自らの伝統的根底を突き破ってカトリシズムを媒介とし、その啓示真理の普遍的深淵にふれることは、日本人がまだものにしていない最も正統的な道行きの一つというべきであろう。

しかしその場合の重要な問題点は、西田がその究極的支えを、現実の世界の根本構造を明らかにすることを通して見出したというその点であろう。これはいったいどういう意味であろうか。この点については、鈴木の「西田哲学の現在的意義」(『現代における人間と実存』合同出版)の簡潔、的確な説明によれば、西田の意図は「何よりも自己と世界との成立の根本的事実を徹底的に論理的に明らかにするということ[7]」にあり、人間がその根本を離れては、存在することも、行動することもできない自己存在の基礎を、徹底的に論理学的に明らかにすることにあったといわれる。

そして彼はその生涯にわたる探究の成果として、「有限即無限」「相対即絶対」「時間即永遠」などの絶対矛盾的自己同一という弁証法的論理の究極的「自己同一の原理」を定式化した。

このことを、もっとわかり易く砕いていえば、「有限存在者と無限絶対者との真実の関わりの仕方はいかなる構造をもっているかの問題に外ならない[8]」のであって、この問題こそ今後のカトリック神学にとっても死活を決する重要事といえるであろう。

鈴木によれば、西田にとって世界のこのような構造というべきものは、まさしく「具体的実在として単に有限・相対・時間的存在なのではなく、無限・絶対・永遠との絶対に矛盾するものの自己同一としての場所にほかならない[9]」のであって、世界は絶対者の自己否定としてのみはじめて存在し、超越性をその中に含んでいるのである。

そして実在的世界の根本構造が、このような超越性を包んでいるからこそ人間に宗教心が湧き起ってくるのであり、したがって宗教とは、信ずるとか信じないとかいうことから始まるのではなく「世界の根本構造が絶対無の自己否定態として宗教的世界である」からこそ人間は本性的に宗教的なのである。したがってこのことは日常的世界の現実そのものが、例外なく絶対者の自己否定的現実としての宗教的世界であるということであり、われわれの行くところ、立つところが宗教的現成の場であるということにほかならない。

この意味で「宗教心と云ふのは、特殊の人の専有ではなくして、すべての人の心の底に潜むものでなければならない。此に気附かざるものは、哲学者ともなり得ない(10)」というべきである。私は、将来宗教が真の実在性をもって文化形成の根源に胎動するためには、どうしてもこのような前提から出発しなければならないと考えるものである。かつて西田と並行して、それとは独立に異色ある「場」の思想体系を確立した土着の思想家、江渡《えと》狄嶺《てきれい》は、『場の研究』（平凡社）の末尾で、「過ぎ去りし神に代るべき実在は場にて候(11)」と書いているが、これは以上のような意味でのべられているのである。これを逆説的に理解すれば、西田の「絶対無の場所」を通過して把握された神でなければ、もはや現代的無神論を克服出来ないということを意味するにほかならない。

それではここで、西田の究極的実在を表現する「絶対無」とは何かということがいつも問題となるが、この点氏は次のようなものとみている。

「具体的現実の世界が現実に存在するということは、絶対者の否定的自己表現としてはじめて存在しているのだから、現実に存在することはその裏にそれを現実に存在せしめているものが〈ある〉ことを意味する。ただこの〈ある〉はわれわれ有限、相対、時間的なものが在るのとは全く異った在り方なので、われわれの方からはどこを探しても見つかるというものではないから、絶対無としか言いようはない。しかし単に無いのではなくしてわれわれ有限的存在者が在るということはただこの無限、絶対、永遠なものの自己否定の働き、すなわち愛《アガペー》としてのみ在ることを意味する。いいかえれば、われわれが有るのは在らしめられることにほかならない(12)。」

それ故、いかなる人のこのような世界の根本構造から離れて存在する者はいないのであり、このような絶対者と相対者の真の関係を現実的世界の根本構造を示す論理として明らかにしたものが、西田哲学にほかならない。西田は最終的に晩年の著作「場所的論理と宗教的世界観」の中で、これを絶対矛盾的自己同一、あるいは逆対応の論理として縦横に駆使しているが、私はこの論理は、仏教というより、むしろ今後のキリスト教の発展にとっても、極めて重大な意味をもつものではないかと考えるものである。

なぜなら西田はここで、さながらに見られた実在構造に即して、犯すべからざる真理の所在を告げているからである。

このように、世界と自己の成立の根底に宗教をみる考えは、いわゆる万有在神論（Panentheismus）として、大地の宗教、あるいは大地の哲学の特徴をよく示しており、西田哲学を解釈する場合この点を見過ごしてはならない。

西田哲学が日本的霊性的実存の大地性の哲学であることについては、すでに『場所の論理学』（弘文堂）を書いて、西田にその思想の継承を期待されていた務台理作や、唐木順三など、多くの人たちの指摘がある。中でも務台などは鈴木大拙の禅学と西田哲学の近似性を強調し、大拙の「『大地的霊性』にあたるものを西田哲学は『場所』と呼ぶ」とはっきりと明言している程である。

西田哲学の核心は、この「心霊上の事実」の場所ともいうべき、大地的霊性的実存の思考にあるのであって、この点の根本的解明に立脚するのでなければ、西田哲学の研究は、原理的には一歩も前進せず、不毛の抽象論となって、たちまちその実体を見失うことになるであろう。

最近「鈴木大拙と西田幾多郎を一人格と見る」ということが提唱されているが、(13) それは根本的にはこの「大地的霊性」への着眼が前提となるべきであり、そうでなければ、ほとんど発展的意味を持たないというべきであろう。

一方眼をヨーロッパに転じてみた場合にも「大地に忠実であれ！」とは、私の忘れえないニーチェの言葉であるが、これは恐らく、彼の痛烈極まるキリスト教批判や、無神論的発言の根拠となる極めて重要な思想を象徴的に吐露したものであろう。

しかし他方ドストエフスキーに代表されるロシア的宗教性の理念にも、この大地性の思想は脈々と生動しているが、この場合には逆にニーチェとは異なって、無神論を招来せず、かえって神を呼ぶ働きを示しており、かくて地への忠実と天への忠実とは、矛盾的自己同一的に両極の合致をもたらすものとして捉えられている。この大地性の真理の、最も象徴的文学的表現が、地上の神秘と天上の星の神秘が相触れるとき、感極まって聖なる大地に伏すアリョーシャの姿とみて間違いないと思う。

ドストエフスキーが示すこのキリスト教の姿は、今後のロシアおよび世界文化におけるキリスト教の最も深い啓示といわれるが、これはニーチェやトルストイのように、一方が他方を拒否する相反の関係においてではなく、むしろ天と地の矛盾的自己同一的に、「一致・融合」にその根底を置こうとする立場を深く示唆するものである。

これを暗示するかのように、先に挙げた百姓哲学者の江渡狄嶺は、「場の機能」を説明して、

天上のものを地上に下し
地上のものを天上に上し
上下両片を打して祇管一行とし……。[14]

と記述しているのは、体験的にこの辺の消息を的確に把握しているのである。

この意味で西田哲学の日本的霊性的実存の大地性はむしろドストエフスキーに近く、ハイデッガーの大地性とも深く交錯する一面をもつのである。この点について最も深い省察をめぐらせている鈴木によれば、西田哲学の絶対無の思想は、ハイデッガーやバルトなどの西欧の最先端の思想家たちともほとんど同一の問題意識をもつものであり、要するに有限な存在者と無限存在者との真実の関わりの在り方が、いかなる構造をもっているかが考察の主題になっており、その点ハイデッガーは、存在者と存在とを明確に区別し、その関係を解釈学的、現象学的に明らかにしえたが、しかしそれを論理的に明らかにしていないと指摘し、西田にとってこの世界の構造は、具体的実在として、単に有限・相対・時間的なものでなく、無限・絶対・永遠なるものとの絶対に矛盾するものの自己同一としての場所であると捉えた点で、ハイデッガーを一歩超えるものがあると評価している。

氏はこれに加え、さらに一歩を進めて、キルケゴールのように、精神を永遠と時間との綜合Synthese と捉える逆説弁証法に対しても、西田のそれは、両者を絶対矛盾的自己同一的世界の両端として捉えるという新しい弁証法的世界の論理学を打ち立てた点においては、むしろキルケゴールを克服するものとしてその積極的価値を称揚している。

ここで両者を絶対矛盾的自己同一的世界の両端として捉えるとは、わかりにくい表現であるが、要するに、観念や理念、あるいは単なる有限的不安の感情からでなく、確かな接触一致の霊性的経験から、心霊上の事実として、一にして二、二にして一の関係として実在に透入することを意味する。そしてこれこそ大地に足をつけた具体的現存としての人間の姿であるといってよいであろう。

要するにこれによって、現代の哲学や神学の中心課題は、大地的霊性的実存の確立にあることは明らかであり、西田、田辺、鈴木哲学は、そのような世界の厳密な論理的把握を通して、来るべき新しい世界精神の待降節的地点をはっきりと指示しているのである。

したがって日本におけるカトリック神学は、何よりもこの大地性に即応しつつ、絶対と相対の関係にまったく新しい展望をもたらす創造的見地に到達すべきだと私は思うのである。

（ロ）西田哲学の悲劇性——流産の哲学とその論理

このように日本の神学の哲学的基礎は、日本的霊性的大地性の哲学である西田哲学にあることが明らかになったが、しかし問題はこれをどのようにしてカトリシズムの内側に展開するかということであろう。この巨大な思想的課題の遂行のためには、いかなる作為も通用せず、ただ西田が、あるがままの実在をさながらに捉えるために立てた思惟方式としての論理を徹底して、実在の究極的・全一的把握をめざすという以外の方法しかありえない。そのように考える時、西田哲学が日本的大地的霊性の哲学でありつつ、究極的に悲劇の哲学であることには極めて重要な意味があると思う。

しかし西田哲学を悲劇の哲学であると捉えるためには、すでに西田哲学を超えていく観点の確立なしには不可能であり、それ故にこそ西田哲学を悲劇の哲学として評価する声は、どこからも聞こえてこなかったのである。むしろこの悲劇性を一身に体現し、そこから脱却するために、立場から立場へとつぎつぎに遍歴し移動していった西田自身が、それを最も深く自覚していたといえるかも知れない。

それ故、西田は死の直前に書かれた中途の論文「私の論理」の中で次のように訴えるのである。

「……私の論理と言ふのは学界からは理解せられない。否未だ一顧も与へられないと言つてよいのである。批評はないではない。併しそれは異なつた立場から私の言ふ所を曲解して之を対象としての批評に過ぎない。私の立場から私の言ふ所を理解しての批評ではない。異なつた立場からの無理解なる批評は真の批評とは言はれない。私は先づ私の言ふ所を理解せられることを求めるのである。[15]」

この意味で、西田哲学の悲劇性に最も深く着目し、何故にこの哲学が常に「立場から立場へ」と、終生立場の探究と模索に終始し、ついに自らの世界観の「全容」を開示し展開しえなかったかに鋭い洞察を示しているのは森信三である。

氏によれば、西田哲学ほど「悲劇的」な哲学はどこにも見られないという。これを蕾のたとえで説明すると「蕾としては次々に出来はするが、しかも花として開きかけて来て、『今度こそは満開の花が見られるだろう』と楽しみにしていると、やがてその蕾も半開のままで萎んでゆくにも似ているとでも申せましょうか。とにかく西田哲学というものは、実に摩訶不思議な哲学でありまして、ある意味では全く「悲劇的」な哲学だといえようかとも思うのであります[16]」というふうに解される。この意味で西田は一所不在の思想的旅人であるという。確かに彼は「善の研究」における「純粋経験」に始まって、次には「絶対自由意志」さらに「場所」「弁証法的一般者」「絶対無」「行為的直観」「絶対矛盾的自己同一」「逆対応」などと次第に実在を見る眼を純化していったが、これは一体どのような理由であろうか。この点について森信三は次のように指摘する。

「……この問題についてわたくしの考えますのは、西田先生が哲学の最根本的な基礎体験とせられた禅体験、ならびにそこに内在する『生』の構造的論理を自証するために、その触媒として用いられた哲学が、外ならぬ論理を主とするドイツ哲学であった為に、対象とそれを解剖する為に用いたメスとの質的距離が、余りにも異質的であり、否、全く両極的だったが為でありまして、その為にいかに努力してみても、ついに満足ができないために、必然にまた次の立場に推移せざるを得なかったかと思われるのであります。そしてその根源は、結局西田先生の思想的体質というべきものが、理数的な肌合いだったことが、大きく作用していると思われるのであります。随って西田先生は上にも申したように、ある意味では全く『悲劇的』な哲学者というべきかとも思われるのであります。随ってこれは、もう一つ他の例で申してみますと、次つぎと懐胎しつつ、しかも常に流産する産婦にも似ていると申せましょう。しかしこの様な巨大な産婦の存在によって、後にくるもろもろの産婦たちは、『流産』というものが如何にして生ずるかということのいわば無数の類型を、先生ご自身のいわば悲劇的な犠牲によって、身を以てわれら後進者のために開示されながら、しかも人びとは流産どころか、受胎する人すらほとんどなく、懐胎と出産の真理を身を以て自らの悲劇的な運命を通して開示された斯の巨大な先覚の残された真理も、今日はたして如何ほどまで生かされているといえるでしょうか[17]」という。

私の心を捉える卓絶したこの認識は、西田門下として出発しながらも、日本人のいのちに内在する現実界の最下の基盤面を重視するために、これと訣別し、より具体的な「全一学」を構想し、展開しつつある森信三の生涯をかけた証言といってよいであろう。

N・ベルジャエフの証言を借りるまでもなく、哲学史に徴してこれをみれば、真に天稟ある哲学者の生涯は常に悲劇的である。何故なら彼はそれを通して究極なるものを指示する使命を有するからである。西田哲学の絶対矛盾的自己同一の論理は、現実をより具体的、全一的に解明するための最も優れた包括的な論理ではあるが、しかしそれは決して終局ではない。そこに西田の深い論理的探究の苦悩点と悲劇性が存在するのである。私はその理由を西田哲学の根本問題に即して浮彫にし、これを彼の哲学の生命線ともいうべき論理的側面から明らかにしてみたいと思う。

西田哲学の固有な意義はその論理にあるといわれる。「『善の研究』以来、私の目的は、何処までも直接な、最も根本的な立場から物を見、物を考へようと云ふにあつた。すべてがそこからそこへといふ立場を把持するにあつた[18]」と西田はいう。

そしてこのような立場から、全生涯をかけて追求したのはこの「具体的現実」の世界の根本的な論理的把握であった。これこそヘーゲルを俟つまでもなく、哲学に課せられた最も本格的な課題というべきであろう。西田は「私は論理と云ふものは、実在の自己表現の形式と考へる[19]」といっているが、実在が論理をもち自己表現の形をもつということは、私の思索にとっても決定的に重要なことである。何故なら、そこにこそ全現実の理解の鍵がひそむからである。

西田によれば「現実の世界」の考え方は、従来の捉え方では全く不十分であるという。これまで哲学で考えられている実在界は色々あるが、しかし要するにわれわれが外に見ている世界であって自分がその中にいて働いている世界ではない。従ってそのようなものは知識の対象界にすぎない。本当の実在界とは、自分がその中に生れ、働き、死んでいく世界でなくてはならない。従って西田のいう論理の立場というのは、主観とか客観とかを超えた立場であって、しかもわれわれの心の世界をもその中に含み得るような立場をいうのである。

この意味では西田の立場は、普通の考えとは逆の方から考えられており、普通は人間の存在を外から考えるのであるが、彼は逆に内から外を考えているのである。次頁の図を見ると一般の自然科学と逆の考えになっているが、最も直接的、根本的世界とは「表現の世界」であり、自然の世界もここから考えられるのである。従って頭で主知主義的に分けて考えたものを実在の形とするのでなく、世界そのものの構造からして主観・客観が考えられるべきであるとされる。

それでつぎに、西田がこのような立場から現実世界の論理構造をどのように把握するに至ったのか、それを根本的に検討してみたいと思う。そのために私の問題意識からいってぜひ取り上げたいのは、西田哲学の体系が、述語的論理主義としてようやくその形を整え、東西文化の論理的特質を試みるに至った『一般者の自覚的体系』(一九三〇)である。

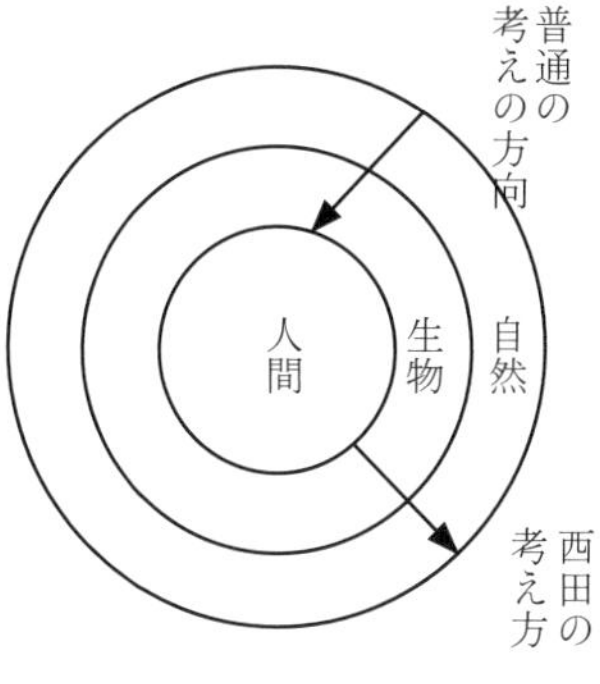

そこで西田はまず第一に、われわれの知識は「私がある」ということから始まるとして、判断の根底に「私」を置くことから出発しているが、このことは、西田哲学の真意が、人間的主体をふくんだ意味での世界の論理構造を明らかにしようとするものである以上当然のことといえよう。

そして西田のメモには、判断の論理的基底としてのこの

「私」は、次のように要約されている。

Das Ich

「Das Ichは経験の場所である。論理的なるものも之に於てあり、感覚的なるものも之に於てある場所である。Ichはカントの云ふ如く総合ではなく、umfassender Platz「包む場所」である」[20]

この文章から推察される西田の哲学的意図は極めて明瞭である。真の哲学は常に自覚から始まり、その自己認識に立脚するものであるから、まず「私がある」というのは、第一に認識されるべき直接的確実性であり、「私はAである」という単純な判断の型には、全哲学史の基本形式を決定するような実在構造が反映してるというのである。この点西田の着眼はさすがに鋭い。

彼によれば、概念的知識の最も根本的な形式は判断であり、この判断の型を、主語・述語・繋辞という論理的、文法的用語を用いて一般化すれば、自覚の基礎には常に自らを実現する命題があるとみていることは明らかである。

そしてすべての言語にこれが備わっていることは、命題判断が、それ自体の中に世界の内的秩序と人間存在の根源を開示する深い実在構造を反映していることを示している。しかし従来

春風社の本 好評既刊

哲学・思想・宗教

スマホと哲学 岩崎大 著

哲学は、すぐに役立つ便利な情報ではない。著名な哲学者の格言を引っ張り出すことでもない。「よく生きる」ことを企図する作法とは。▼四六判並製・二二四頁・一八〇〇円

カントとシュンカタテシス論 福田喜一郎 著

世界の構造、認識の対象がいかに成立しているのかということではなく、命題において表される知識とこれに対する心の関わり方を問う。▼四六判上製・三五二頁・五六〇〇円

講義 政治学入門
デモクラシーと国家を考える 宮原辰夫 著

民主主義の起源とされる古代ギリシアのアテナイの歴史から、近代の社会契約論、20世紀の政治思想を取り上げ、そのエッセンスを解説。▼四六判並製・一五〇頁・二二〇〇円

日常の冒険
ホワイトヘッド、経験の宇宙へ 佐藤陽祐 著

「生きるということは、何かとかかわり合うことである。」多様な関係からいかにして知覚主体としての「わたし」が生まれるのか。▼四六判上製・三二六頁・三八〇〇円

コロナ後の学術出版社

一つの重要な発展は、古代世界の直接的な情報の急速な増大という形をとった。人文主義者たちは、とくに修道院の図書館で、気に入った古典の著者のさらなる文献を系統的に調査し始め、とりわけ（ペトラルカの表現によれば）彼らが古代の「偉大な天才」とみなしたキケロのテキストをさらに探し求めた。こうした宝探しは急速に一連の重要な発見をもたらした。キケロの『縁者・友人宛書簡集』の完全なテキストがサルターティにより一三九二年にミラノのカテドラル図書室からよみがえった。（クエンティン・スキナー［著］／門間都喜郎［訳］『近代政治思想の基礎――ルネッサンス、宗教改革の時代』春風社、二〇〇九年、九九–一〇〇頁）

ヨーロッパ政治思想の名著とされるものの翻訳ですが、この度の新型コロナウイルスのことがなければ、自社で出版した本を、切実な気持ちで読み返すことはなかったと思います。日々、こころも、カラダも、アタマも変化します。コロナ禍を回避するための手立てがさまざまに講じられており、わたくしどもも、目の前の原稿に誠実に向き合うことにおいては以前と変りありませんが、あらためて、この度のことを契機とし、コロナ後の学術出版の意義について考えてみました。

現在に沈潜し、未来を想像してばかりでも埒が明かないところがあり、どうしても歴史を振り返らざるを得ません。かつて、ヨーロッパにおいてペストが大流行し、時を経て、ルネサンスの時代がやってきます。ペストがルネサンスを用意したとの言説も目にしますが、ペストの大流行とルネサンスの間には一〇〇年の時が挟まれています。ペスト禍のなかで聖職者も多数犠牲になったといわれます。修道院で古典を渉猟する人文主義者たち（右の引用文）が登場するまえに、歴史はすでに、ペスト禍＝黒死病を経験していました。

スキナーは、ペスト禍との関連でルネサンスを論じているわけではないけれど、神でなく人間の「偉大な天才」を求め写本を漁った人びとの情熱の底に、ペストの禍根がまざまざと残っていたのでは、と想像されます。

やがて、神にすがるのでなく、人間のありようを凝視する文芸復興の時を迎えますが、二〇二一年の現在が、ペスト禍の時代に準えることができるとすれば、ペトラルカ（彼はペスト禍を経験している）を経て、一〇〇年後には、レオナルド・ダ・ヴィンチをはじめとする、いま現在においては想像すらできない人物群が登場するかもしれず、巨いなるパラダイムシフトが起こらないとも限らない。まだ見ぬ傑物たちの登場を用意するのは、かつての時代がそうであったように、学問の灯を絶やさぬことにあると確信します。電池切れで全てが無に帰してしまうことのないように、だれが、どこで、いつ、なにを、どのように論じたのかを明確にし、それを紙媒体に残し、積み重ねていく時間が必要ではないでしょうか。

倦まず弛まず、いわば我慢する学問の営みが、今ほど求められる時はないと信じます。

次世代を担う子どもたちの姿を思い浮かべ、息のながい学問とふかい情愛を湛える研究を待ち望み、後世に手渡すべく、誠心誠意、高質の学術書を出版する版元でありつづけたいと祈念するところです。

二〇二一年春

春風社代表　三浦衛

16世紀後半から19世紀はじめの朝鮮・日本・琉球における〈朱子学〉遷移の諸相

片岡龍 著

西洋近代由来の学術概念を超え、時代時代のさまざまな地域の思想家の営為を丹念に読み解き、思想潮流の大きな変化を跡づける。

▼A５判上製・三一二頁・五四〇〇円

環境を批評する
英米系環境美学の展開

青田麻未 著

環境美学者・カールソンらの諸学説を批評理論として読み直し、常に我々を取り巻き変化し続ける環境に対する美学的アプローチを考察。

▼四六判上製・三三二頁・四〇〇〇円

小鳥が歌う
古いポルトガル語による聖母マリアの詩

菊地章太 著

中世イベリア半島の吟遊詩人たちによって作られ歌われた詩・カンティーガの和訳と解説を通して、聖母に対する当時の人々の思いを汲み上げる。

▼四六判上製・二三四頁・三六〇〇円

空海に学ぶキャリアデザイン

益田勉 著

宗教的・文化的に日本を代表する偉人・天才としての空海ではなく、「衆生」の一人として自らの航路を切り開いていった空海の人生を辿る。

▼四六判並製・二六八頁・三五〇〇円

春風社
〒220-0044　横浜市西区紅葉ヶ丘 53　横浜市教育会館 3F
TEL (045)261-3168 ／ FAX (045)261-3169
E-MAIL：info@shumpu.com　Web：http://shumpu.com

この目録は 2022年3月作成のものです。これ以降、変更の場合がありますのでご諒承ください（価格は税別です）。

このことの根本的意義は、十分考え尽されているとはいい難い。

ところでこの真実在の構造を反映してそれを表わす命題判断は、相互に還元出来ない三つの契機を内に含んでおり、その判断意識は、その何が主となるかによって、種々なる判断の形が成り立つとみてよいであろう。

西田の場合は「哲学概論」の附録第四の中で、真の実在は主観即客観である自覚的なものであると述べながら、判断形式の主語と述語と繋辞のうち、(1)主語が Substrat〈基体〉となる場合、(2)述語が基体となる場合、(3)判断即ち作用が基体となる場合の三つの類型が成り立つとしている。これを西田自身の文で図式化すると次のようになるであろう。

特殊

一、Subjekt als Subjekt des Urteil〈判断の主語としての主語〉
二、主語としての述語――（数学的）純粋思惟。
三、主語としての Ausdehnung（場所）（述語を超える、領域の範疇）。――意識。（繋辞「ある」、有としての真理）[21]。

このようにして、哲学は個物的なものを実体とし、主語のまた主語、つまり最高の主語に究極の存在を見ようとする方向と、第二に述語の側に根源を求めていき、性質的に不変のもの、あるいは一般的な究極の類を述語の述語としてたどっていく方向がある。

そしてこれに加えて第三には、真の実在を主語の側でも述語の側でもなく、かえって、主語と述語を結びつける繫辞の側に立って実在を見ようとする考え方も成立するという。

この考えは、自己意識が表現されるあらゆる思惟作用の基礎に、論理的三位一体が前提されており、それが個々の原則の選択によって分裂することを予想している。そしてそこから哲学構成の諸類型が生まれてくるのである。

ところで西田の立場はその諸類型の中、どれに所属するであろうか。この点彼は明確に「畢竟、自覚的なものを実在と見る考え方は、判断の形式にすれば繫辞の立場なのである」[22]とのべており、真の実在を繫辞の方向に捉える「繫辞主義」が彼の論理の特徴であるとみてよいであろう。

しかるに、西田の体系的立脚地を築いたかにみえる「一般者の自覚的体系」において、何故に「述語的論理主義」の立場が主張されているのであろうか。そのことの詳細な説明はないけれども、その序論的説明から推察して、この論文では「一、応」述語的論理主義の立場から自覚的一般者の限定を考えてみたということになっており、それはあくまで一応の便宜的考察であって、根底にはあくまで自己自身を見るものがあることが予想されているのである。

根本が繋辞の論理であるにもかかわらず、あえて述語的論理主義を主張する理由は、西田が概念的知識の最も根本的な形式が判断であり、その中でも、主語が述語に包まれる包摂判断が最も基本的であると考え、主語の方への超越より、述語の方への超越がより根本的でなければならぬと考えているからである。

それにアリストテレスがどこまでも主語となって述語とならぬものの方向に真実在を求め、「主語の論理」を唱えたのに対して、どこまでも述語となって主語とならぬものの方向に真実在を求めるものとして「述語の論理」、「場所の論理」が主張されているのである。

従って、これを判断の三契機として表示すれば次のようになる。

① das Seiende（於てあるもの）――特殊的・主語

② 「於てある場所」――一般的・述語

③ 両者の媒介者――medium――判断即ち作用[23]

これと先に挙げた判断の三契機の図式を比較すると、西田の場所が述語の位置と繋辞の位置の両方に使われていることが注目される。私はこの関係に非常な興味と関心を持つものであるが、これは次のような西田の言葉に根拠があると思われる。

「われわれの判断的知識の根柢には具体的一般者がなければならぬ。判断は具体的一般者の自己限定として成立するのである。われわれの知識の体系はかかる一般者の無限なる層である。[24]」

西田は先に、「自己」は論理的なるものも、感覚的なるものも共に〈包む場所〉であるといったが、この意味では判断は単に思惟ではなく、もっと深い精神の自己規定についての基礎的事実である。従って西田の述語的論理主義の判断構造は、述語が主語を包摂し、包摂された全体をさらに繋辞的契機で包むという「つつみ、つつまれる」関係を原型とする思惟にほかならない。

その意味で、西田の判断の文法構造は、完全に日本語の文章構造と原理的に一致しているのである。つまり場所的論理は、対象的表現を主体的表現が統一している根源的主体性の哲学であり、橋本峰雄も指摘しているように「風呂敷的文章構造は、西田哲学の場所と自己との矛盾的自己同一の原理にマッチしているのである[25]」。

この意味で西田は、明らかに日本語で思惟しており、一般的に芸術的・心情的表現にしか適さないと思われ、科学的・客観的なことばとしては甚だ非論理的・不適格と考えられている日本的霊性的思惟を、西欧論理の舞台の上にのせ、無の論理として、根源的・決定的役割を演じさせようとしているのである。

ここに西田の哲学的思索の難渋と悲劇がある。先にも挙げた絶筆「私の論理について」の中で西田は続けて訴える。「…人は私の論理と云ふのは論理ではないといふ。宗教的体験だなどと云ふ。然らば、私は爾云ふ人に問ふ。論理とは如何なるものであるか。…アリストテレスの論理を論理と云ふに何人も異論はなかろう」。しかし「…カントの論理やヘーゲルの論理は論理ではないのであろうか。我々は是に於て論理とは如何なるものかを考へて見なければならない。論理と云ふのは我我の思惟の方式である。論理とは如何なるものなるかを明にするには我々の思惟の本質からでなければならない[26]」。

以上、私は西田哲学を悲劇の哲学と規定した上で、さらにわれわれの思惟の本質から西田の場所的論理が、終局においていかなる真理につながるものであるかを明らかにしてみたい。

（八） 三位一体の哲学と西田哲学

最近『西田幾多郎と現代』を出された竹内良知は、その中の「西田哲学と私」と題する回顧的一文の中で、以前に書いた「西田幾多郎の哲学」が、極めて不十分な面を残していることを反省して次のようにのべている。

「私はそこで西田哲学の「場所」の論理を、「述語的論理主義」（これは西田自身の言葉である）として解説しているにすぎないが、それは「場所」の論理のとらえ方としては十分ではない。「述語主義」はむしろヘーゲルの立場にほかならない。西田は超越的述語面を考えることによってヘーゲルの立場を止揚し、「主語となつて述語とならない」個物をも論理的に把握しうる立場に到達したのであった。個物とは自然的実体でもある。しかも西田のいう個物はアリストテレスの「見られた」個物ではなく、主体的に「働く」個物である。したがって西田の立場はアリストテレス的「主語主義」とヘーゲル的「述語主義」とを超えた、そのどちらでもない、いわば「繫辞主義」であり、いってみれば実在論（唯物論）と観念論とを止揚した立場にほかならない。私はそれが「繫辞主義」であることを強調することにおいて十分ではなかった。[27]」

竹内の従来の論調からいえば、このような把握は西田に即して十分な深まりを見せた解釈ではあるが、しかしその繫辞主義なるものがいったい何を意味するものかの具体的展開がないのは残念である。そして西田哲学の展開のプロセスからみて、繫辞主義というふうに判断の三位一体的構造から容易に切り離して論ずることには幾分抵抗を覚える。なぜなら西田のとった立場は繫辞主義ではなく、あくまでも「繫辞的」なのである。西田哲学を理解する時は、このような文脈の読みは十分に注意しなければならない。彼は把握された事態そのものの構造を示そうとして少しずつその観点をずらせていくから、対象を写すカメラを移動するように、その都度位置を確認しなければならないのである。

この点西田の繋辞の理論の意味を、同じくシエマ的にとったのは田辺元の哲学であり、彼はそれを「ヘーゲル判断の理解」で明確に次のように立言している。

「判断は主語の立場からでも述語の立場からでもなくて、主語と述語との絶対弁証法的統一の立場から理解せられるのである。之を繋辞の判断論と呼ぶことも出来るであろう。アリストテレスの主語の判断論が抽象的であるならば、ヘーゲルの述語の判断論も亦抽象的でなければならぬ。絶対弁証法的繋辞の判断論のみ真に具体的たり得る。私はヘーゲルの判断論を理解せんとすることに由りおのずからそれを越える繋辞の判断論に到達した。[28]」

この立場は西田の論理をさらに徹底させ、これを主題化したものではあるが、しかしその一方で繋辞主義というふうにあらためて一元化するならば、竹内良知と同じく、判断の基礎構造に内在する論理的三位一体の一契機を抽象化し、一面的なものにする危険性を犯すことになるのではないかと私には思われる。

この点、西田は、事実に即して論理をすすめようとする態度においては極めて慎重であり、繋辞は最も包括的・普遍的な形式における存在自体であり、不断に自己を展開する全体であるとみながらも、常に主語的基体の本性を示すものであることをよく認識している。繋辞的契機は、その実体の本性を、客語として象徴的に指示する具体的力であり、生命である。それ故西田が「論理と生命」と題する論文の最初の章で「推論式の媒語には、事物の根源といふものが相当すると考へることができる」[29]といっているのは、この意味でまったく正しい。

しかし媒語が根源であるといっても、決して述語的契機を離れてそれ自身があるわけではない。西田において主語的ヒポケーメノンを包む場所は、述語的に働くと同時に、一方では繋辞としてより根源的に、両者を包む超越的述語面として、二重の役割を果たしているのである。したがって西田は述語的論理主義という形でアリストテレスの主語的論理主義に対置することはあっても、繋辞主義という立場を主張することはない。

それゆえ、田辺の絶対弁証法的繋辞主義の立場は、大地性の論理である場所的性格が稀薄になるゆえ、私はにわかに賛成し難い。場所的性格が稀薄になれば、せっかく西田が敢てした真の意味で日本語で哲学することが困難となり、大地から思索的エネルギーを汲みあげて体系的展開を図ることは不可能となる。田辺による独自な宗教哲学の基礎づけが、発想の卓抜さに比較して意外に難渋せざるを得なかったのは、そこに根本理由がある。

私は、西田哲学を批判して「キリスト教の辯證」を試みるに至った田辺哲学の発展の推移に、深い必然性を感受するものであるが、しかしこれをキリスト教の啓示真理と結ぶ立場が確立されない限り、その道行きは挫折に終るほかはない。そしてこれは、より深い、根源的な事実に即応した実在把握によって、その矛盾を照明すること以外、解決の方法は見出せないと思う。

それではそのより根源的な事実に即応した実在把握とは何か。それは西田の実在の論理探究の経過が何よりも雄弁に物語っているように、真の実在判断は、主語の論理や述語の論理、あるいは繋辞の論理といったそれぞれの一面的考察によって尽されるものではなく、そのいずれもが、判断に前提されている論理的三位一体の一分肢を代表するものに過ぎないということである。

実在の深みを探究する西田哲学の重要な性格は、常に実在の奥行きを予想し、あるいはその余地を残しているのであって、述語的論理主義の根底に、すでに暗に自己自身を見る知的英知的自己が予想され、繋辞の論理が前提になっていたように、西田の思索の全軌跡を忠実に辿る場合には、この論理的三位一体の前提は実に明白である。

例えば先に挙げた哲学概論、附録第四の「実在」において、真の実体は主観と客観の両面を含み、思惟から離れた存在も、存在から離れた思惟も、実は単なる抽象にすぎず、真の実在は主観即客観の自覚的なものだとのべた後、一転して判断の形式からこれを基礎づけようとしている。これは後期西田哲学の誕生を予感させる重要な転回なのであるが、その際彼は、「主語と述語と繋辞の三者のうち、どれを主として考へるかということで、我々の実在の考へ方は三つになる」[30]とはっきり明言しているのである。

私はこの言葉は軽々しく見過ごすことの出来ない重要な意味をもっていると思う。何故ならその第一の理由は論理的三位一体という人間思惟の必然仮定が前提され、その限定によって哲学の三類型が生じ、自覚的なものを実在と見る考え方は、判断の形式にすれば繋辞の立場であることがはっきりと言明されているからである。そして、第二の理由は、西田が近代的認識範疇の特徴である主観・客観の基本構造の観念性を克服するために、アリストテレスの存在論を介して、実在を主語、述語の基本範疇とする判断において把握しようとする重要な着眼を示していることにある。

西田は場所的論理成立以後、アリストテレスとカントの総合をめざし、主語となって述語とならぬ最後の主語、アリストテレスの主語的ヒポケーメノンは、述語となって主語とならぬ最後の述語、即ちカントの超越的統覚を、無の場所にまで徹底することによって、両者はさらに包まれて、基体即主体となり、最後に自己自身を見る英知的実在となるのである。こうして真の実在は、主語の方向にでもなく、述語の方向にでもなく、かえって繋辞の方向にあるという西田哲学の趣旨が貫徹する。

この場合、西田のとる論理構造は「三位一体」ではなくて、「矛盾的自己同一」である。しかし繋辞契機を根源とし、自覚形式を立場とする西田哲学には、一切の哲学体系の根本原理である判断の三項からなる論理的三位一体と深いかかわりをもって結びつくものがあるはずであると私は考える。

従来西田哲学の批判的克服がなんらの前進をみせていないのは、このような核心的事実に触れることがないためである。この点田辺元は先にのべたように体験的素地は西田のように確かなものではないが、西田につぐ体系家として、その論理を誰よりも深く正面切って受容し、仏教はもとより、キリスト教のもつ論理的意義についての探究を怠らなかったことは、十分に評価しなければならない。

そして宗教哲学を論じた「哲学入門」補説三の中で「アウグスティヌス以来近世に至るまで、西洋哲学はキリスト教神学と離れられない関係に立つのであって、弁証法の発展がキリスト教の三一性（三位一体）の信条に媒介せられた所の多いことは、アウグスティヌスに於て、また特にヘーゲルに於て、明らかに看取せられる所であります[31]」とのべ、さらにヘーゲル哲学の弁証法的思考も、宗教の自覚を論理化したものであり、それは「もともと宗教が絶対と相対との関係をわれわれの意識に開示する立場として、弁証法の論理により自覚せられ組織せられるべき筈のものなのです」[32]と指摘している。そして自らも「キリスト教の辯證」においては、「神即愛」「神への愛」「隣人愛」として、愛の三一論的、弁証法的統一を試みている程である。

しかし田辺は、実在の根本構造である「三位一体の於てある場所」という把握に到達出来なかったために、その無比の学識と論理性にもかかわらず、結論はかなり恣意的なものになっている。

この点前にも述べたように、西田、田辺の哲学的精神を継承して、その論理を原理的に前進させ、実在的判断の三一的把握に到達している画期的哲学者は鈴木亨である。もちろん、これはあくまで私一流の解釈であって、氏の思想の全貌を把握するものではない。しかしそれにもかかわらず、西田や田辺哲学の根底に伏在する論理思想の重要な本質を比類なく正確に把握し、これを一層大胆に発展させようと試みておられることは間違いない。

元来、西田哲学の論理的意図が、アリストテレスやヘーゲルの論理と対置され、東洋思想の存在意義が再認識されるというだけであったら、将来とも西田哲学の成果はさしたることもなく、肝心なところで流産に終るであろう。しかし、西田哲学の場所の思想が「三位一体の於てある場所」と捉えられる時は、そこから全く新しい霊性優位の東洋的な精神文明の誕生が予告されることになる。

その意味で鈴木が日本の思想家としては全く異例の洞察力をもって「場所」の思想の三位一体的構造に着眼しているのは、私の発想との深い親近性を予想させるものがある。それはたとえ私が志向するカトリック神学の哲学的基礎を直ちに提供するものでないにしても、私のいわゆる「三位一体の於てある場所」の真理性を、日本の哲学の内在的発展として、この上なく深く弁証するものであることは、むしろ時代に課せられた東西の思想の出会いの摂理というべきものであろう。

氏はそこで絶対と相対・有限と無限との間に働く根本的理法を説明して、次のように述べている。

「…絶対と相対との逆接性の根本的な関係においては有限・相対・時間の側からは無限・絶対・永遠は、有限でもなければ無限でもないと共に有限であると共に無限でもあるものとして竜樹『中論』にいわゆる〈四句分別〉としてテトラ・レンマの論理を意味するものと言えよう。私の存在者逆接空はまさにこの論理構造を意味するものにほかならない。[33]」

そしてこの立場からいって「真の実体とは決して現実の内に単に在るものではない。単に存在するものならばそれはそれだけの理由から〈あらぬものでないもの〉として実体ではありえないであろう。実体は主語でもなく述語でもなく、また繋辞でもありえず、すべての一角は他の二角を前提にしなければ成り立たないものとしての普遍的全体の一辺にすぎない。したがってその全体というのは有限存在者としての主語・述語・繋辞の立場からはすべてを否定するものとして、(1)有限である、(2)また無限でない、(3)有限であるとともに有限でない、(4)有限でもあり、無限でもあるものではなく、有限でも無限でもあると共に有限でも無限でもないものとしてと言わねばならないであろう。この意味において真の主体は空と呼ばれねばならない。この有限と無限との真の関わりは決してヘーゲル的な意味での弁証法的関係ではなく、あらゆるものの否定としての絶対否定性である空なのであって、この有限と無限との逆接性の絶対的な規定のもとにある相対的規定として主語と述語と繋辞との間に弁証法的な関係すなわち発展が成り立つのである」[34]。

この鈴木の実在の論理的把握は、私の思想的探究にとってこの上ない重要な意味をもち、その透徹した哲学的資質に、改めて深い敬意を抱かずにはいられない。氏の思索は西田・田辺の哲学精神を継承するものとして、限りなく柔軟・徹底的に実在の論理的構造の真相に迫っており、真に具体的実在は主語からでもなく述語からでもなく、西田哲学や田辺哲学のように単なる繋辞からでもなく、それらの三契機を包む根源判断の世界であるという画期的認識の地平に到達している。そしてこのことをさらに敷衍して氏は次のようにもいう。

「実在的な判断は〈主語＋述語＋繫辞〉にほかならないから……主語が述語を有つhabenとしての主語の論理の立場から出発しても、また逆に主語が述語に包摂されてあるseinとしての述語の論理から出発しても、さらには主語と述語とを結びつける関係の論理としての繫辞の論理の立場から出発しても、それらは統一的に成立する実在判断のそれぞれの一分肢にすぎぬものであるから、実在全体を導出、説明することは不可能でなければならない[35]」。

この考えは私は全く同感であり、西田哲学の論理の必然的な発展延長線上に位置するものである。では鈴木哲学は、この前提に立って西田哲学をどのように発展克服しているかを見てみよう。そしてこれは次のような鈴木自身の言葉に手短かに要約されている。

「さきに西田哲学がその認識論の出発点を〈判断論〉に求め、主語から出発し、主語が述語をもつ〈主語の論理〉と述語が主語を包摂する〈述語の論理〉に対して、主語と述語がそこから分化する自覚的実在としての〈繫辞の論理〉を強調し、真の実在は、主語の方向にでもなく、述語の方向にでもなく、かえって繫辞の方向にあることを述べたのであるが、西田はその繫辞を主語と述語との絶対矛盾的自己同一としての〈場所〉の論理を建設したのであった。

しかしこの〈判断論〉はまさに私にとっては実在的世界の判断として、実在そのものの論理的かつ歴史的な過程でなければならない。有限的世界は存在者Seiendesとして内に物質・生物・人類を包んでいるが、これらの全体としての有限・相対・時間的な存在者は、実は無限・絶対・永遠なる空に不可逆的に逆接してはじめて存在しているのであって、この両者の根本構造は存在者逆接空として表現することができるであろう。つまり有限なる存在者が存在するということはその裏で無限・絶対・永遠なる空が自己を否定しているのであって、絶対空の自己否定としての愛《アガペー》こそ有限存在者の存在を基礎づけているのである。[36]」

こうして、西田の「絶対矛盾的自己同一の原理」は、ハイデッガー克服の課題をも含めて、「存在者逆接空」と捉え直され、その根本理法の下に、全自然史が実存宇宙史的に展開するのであり、「永遠の今」の自己限定の秘蹟のみを行ずる西田哲学に「過程的場所」という歴史哲学的力動性を加えることになったことは、西田哲学発展史にとって実に重要な意味をもつものである。

このように、主語と述語と繋辞とは、相合して全体的な判断を構成するのであるが、この三契機を含む根源判断は、絶対主語即述語として、絶対の主語によって贈られてあるもの es gibt として、繋辞的世界の述語段階(自然)から主語的段階を経て、繋辞の充実(精神)としての推論式段階に弁証法的に展開する方向をとるのである。

そしてこの「述語的物質と主語的生物と繋辞的精神とが真に生ける判断を構成するのは、それらが有限・相対・時間的な存在者として無限・絶対・永遠なる空に自己矛盾的に逆接することを通してはじめて三位一体的な生ける判断過程として実存し、生動する過程と成ることができる」[37]といわれる。

この場合、重要なことは、鈴木の「存在者逆接空」という把握は、あくまでも哲学的に実在的世界の論理構造を究明するものとして、絶対と相対の逆接性の関係を、相対・時間の側から「自覚」の問題として考究しているということである。

それに対して、私のいう「三位一体の於てある場所」とは、聖書の宗教として、より神学的な啓示真理に即して把握された存在の根底を指す概念である。したがってそこに内在的と超越的の根本的差異がみられることは当然であり、鈴木の場合の三位一体とは、即ち主語・述語・繋辞の於てある「場所」としての〈空〉にほかならない。

しかしながら、両者の哲学的・神学的アプローチは、共に大地的霊性を意味する「空」の「場所」において深く相会しているとみてよいであろう。そしてこれこそ現代における世界思想史上の最深、最大の問題にほかならない。氏が「母なる大地」をいい、壮大、深刻な実存的自然史の哲学を企図されるのは、すぐれて現代的な課題を身に負うておられることの必然的道行きなのである。

この意味で、私の純粋に宗教的・神学的探究が、鈴木哲学との出会いによって、深い現代的・哲学的裏付けを得たことは、私にとって限りない喜びであり、思想とは出会いによって成長するものであることを痛感せずにはいられない。しかし道は備えられたばかりであって、ここに留まることは出来ない。従って私は次に日本の哲学とカトリシズムの出会いから生ずる根本問題——三位一体と絶対無の場所、あるいはその場所の論理としての絶対矛盾的自己同一との関係について述べようと思う。

(3) 三位一体論と絶対矛盾的自己同一

三位一体的人間論の試み

(i) これまでの論述によって私は、西田、田辺と続く哲学的精神を継承するのが鈴木哲学であることを示し、西田、田辺、鈴木哲学の全努力が、私のいわゆる「三位一体の於てある場所」の探究に深く傾斜するものであることが確認出来た。これは日本精神史の中核から真のカトリック神学が形成されてくる可能性を論理的に予告するものであって、すべてのものが多様化し、錯雑化して実在の真景が見失われている現在、この論理的明晰性と単純化は、かえってこの必然性をはっきり示してくれるように思えるのである。

西田哲学が遂行し端緒づけた学問的業績は、あまりに根本的・第一義的であって現代的関心と背馳するためにまだ十分の評価を得ていないが、先にも述べたように、アリストテレスの主語論理、ヘーゲル的述語論理を矛盾的自己同一的に総合する繋辞の判断論の立場に立っており、しかもこれを日本語の思考論理を導入して霊性的思惟の次元にまで深めて解決していることは、前例をみない偉業であるといってよいであろう。

この意味で西田の立場は、ヘーゲルに批判的であった後期シェリングに近いとみることも出来るが、主語面即述語面といっても、単に統一するとか一つになるとかいうのではなく「絶対に相反するものの合一」を意味するもので、シェリングの自己同一を逆にした立場であるといえるのである。即ち、

「一般が個物を限定し個物が一般を限定するという意味に於て、繋辞的限定というものが考へられる。而もかかる繋辞的限定の一端が単に主語的なものに結び付くと考へられても、また述語的なるものに結びつくと考へられても、弁証法というものは考へられない。(38)」

この西田の繋辞の判断論の立場を明快に要約しているこの文章は、哲学の根本問題続編の

「弁証法的世界」を確立する直前の「形而上学序論」からの引用であるが、この場合の繫辞的限定とは、綜合的全体を判断の形で分つ（Urteil）ことを意味し、いわば推論式の背後にある創造的・具体的媒語の作用とみるべきものである。そしてこの創造的媒語は、正確に表現すれば個物と個物の相互限定即一般者の自己限定としての「弁証法的一般者」と解されるが、このことを解り易く表現すれば、要するに有限者相互を成立せしめる無限なる根底ともいうべき「絶対無」＝空が、有限的個物と絶対矛盾的・逆対応的に一つであるという世界観が前提となっており、絶対と相対の最も重要な関係の論理が、比類なく正確に表現されているのである。

論理といえば単なる形式論理の、実在判断から切り離された、思考法則の遊びのようにしか思えなかった概論風の常識からいえば、これは驚くべき提言である。しかしこれは本来われわれの常識が歴史に風化されて異常化したのであって、西田の把握が本源的で正しいのである。そして西田は私がこれまでかかわってきたいかなる哲学者よりも根底的に、具体的な実在の本質に迫っており、今迄誰も放置して省みなかった霊性的思惟の論理学の問題を提示しているのである。「絶対無」とか「絶対否定」とか「絶対に相反するものの合一」とかは、ことごとく理性的次元からみた霊性的思惟の様式にかかわってくるのであって、この点がわからないと西田哲学の根本を誤解し、著しく歪曲することになるであろう。

西田が哲学者として霊性的思惟の次元に足を踏み入れたことについて、それはすでに哲学を撥無するものであるとか、神秘主義であるとか批評する者が後を絶たないが、霊性と対比せずして理性や本能の全貌が見渡せるわけもなく、しかも霊性こそ実在であるという思想家に必須な第一級の認識を欠く者であって、これではまさに哲学者ともなりえないというべきである。

この西田哲学の脈動点ともいうべき繋辞的世界を、西田よりもさらに精密に一層発展的に把握したのは鈴木亨であったが、氏はこれを絶対の主語即述語の逆接性としての弁証法的世界と規定し——存在者逆接空——と表現した。

ところでこの「存在者逆接空」という重要概念こそまさしく西田哲学の徹底、拡充を意味する見事な表現であって、それが有限的述語性と絶対無限的主語性の逆接性において存在するといわれる限り、そこでは述語的存在者は絶対の主語的実在(空)によって贈られてある es gibt 所造的実存であることが意味され、キリスト教世界とも深くつながってくる要素がみられるのである。

元来が西田哲学の影響に加えて、マルクス主義とキルケゴールの実存思想との統一把握をめざす氏の独自な哲学的境地が、キリスト教の根底に対して、響和性を持たないはずはない。それ故氏が次のように告白されるのも偶然ではないと思われる。

「われわれが絶対主語としての空と言っているものを、滝沢克己氏はおそらく被造物即創造者の絶対に逆にすることの出来ない関係と呼ぶのであろう。そしてそれが真のキリスト教の神なのである。そこに私は同じ根源的事態の響和性を感じざるをえない。[39]」

こうみてくると、全著作を通して流れるきびしい西欧キリスト教批判の論調にもかかわらず、かつて西田が「超越的述語面」と呼んだものを「超越的主語面」へと位置づけ、有限・相対・時間的な存在者 Seiendes が、無限・絶対・永遠なる空に不実（体）・不一・不二・不逆的に逆接している「存在者逆接空」のあり方は、かえってキリスト教の根源に接近するものをさえ感得するのである。

そしてさらに一歩をすすめて、「有限と無限との真の関わりは決してヘーゲル的な意味での弁証法的関係ではなく、あらゆるものの否定としての絶対否定性である空なのであって、この有限と無限との逆接性の絶対的な規定のもとにある相対的な規定として主語と述語と繫辞の間に弁証法的な関係すなわち発展が成り立つのである[40]」とされている。

ここにおいて氏の実在判断は「実体は主語でもなく、述語でもなく、また繫辞でもありえず[41]」一角は他の二角を前提とする普遍的全体として、「主語」、「述語」、「繫辞」が三・一的に於てある場所は「空」と呼ばれるのであるが、西田の論理に伏在していた根源判断の三位一体的構造を、これ程はっきり指摘している例はなく、このことは氏の驚くべき哲学的資質の明敏さを物語るものといってよいであろう。

しかし全体としてみれば、氏の立場は、「空」という統一において三体的な主語・述語・繋辞の実在判断の構造を実に正確に把握しているとはいえ、やはりその重点は、西田と同じく繋辞の判断論の立場に立脚するものであることは否めない。したがって三位一体はある種の要請として提起されている。これは哲学の立場としては当然である。

そして従来ヨーロッパの哲学思想の流れに徴してこれを考察した場合にも、主語的論理、あるいは述語的論理の開拓は著しく進んでいるにもかかわらず、繋辞の判断論は逆接か二律背反の壁にはばまれて、否定神学に赴くか、シェリングのように神話的な啓示哲学を要請するか、その行方は神秘主義の袋小路に入りこんで錯雑したものになっている。

この点、西田、鈴木哲学の論理思想は、三位一体と矛盾的自己同一を一つに結ぶ、有力な手がかりを与えるものである。

こうして繋辞の判断論の特性というべきものは、述語即絶対主語の逆接として、現実世界の一切の過程を通して、有限即無限、相対即絶対、時間即永遠なる逆説的理法が働いているというのであるから、そこにはすでに霊性的事実を前提にして解釈されていることは疑いえない。

そして霊性の役割は天と地を繋ぐことにあるから、その限りでは確かに繋辞的世界は「過程的場所」といえるのであって、「…絶対と相対との逆接性の根本的な関係においては有限・相対・時間の側からは無限・絶対・永遠は、有限でもなければ無限でもないと共に有限であると共に無限でもある」[42]ものとして、すでに「有限、相対、時間の側」からみられた「内在的超越」の永遠性であることがいわれており、三位一体の神の霊性啓示というよりは、あくまで物それ自体の現成公案の論理であるというべきであろう。

その意味では、あくまでも大地的霊性たる「絶対無」ともいうべき絶対者は、自ら無にして全実在をあらしめ、人間もまたこれに逆対応して自らを無として本性をあらしめ、かくて全実在と響存呼応するに至る。そしてこれが繋辞的世界の究極相であり、「絶対」といっても、あくまでも有限・時間・相対に即した「過程的永遠」の自覚的事実からいわれていることにほかならない。かくて、西田のいう「心霊上の事実」としての霊性は、宗教意識を意味するものではあるが、必ずしも神秘的ではなく、われわれの生命の根本事実として、すべての人の心の底に潜むものであるという。その意味では決して特殊なものではなく、我々の自己に絶対の事実であるという点で、あらゆる学問、あらゆる道徳の基礎ですらあるということが指摘されている。[43]

以上の意味で、西田哲学も含めて、鈴木亨のこの「実存的自然史」の立場を、氏自身の言葉で要約すると「人間的生存の自己成立の事実は、一方場所的に、縦の関係として絶対に結びつくことなき超越に絶対的に逆接する実存的弁証法的二重性であると同時に他方、過程的に横の関係として、どこまでも物質から生命へ、生命から意識、社会へと自然史的に展開し来る歴史的世界の弁証法的二重性なのである。歴史的世界の始元的構造が、絶対の場所即相対の過程的な弁証法的二重性にあるのである」[44]ということになるであろう。

この文章の中に鈴木哲学のエッセンスは見事に要約されているが、私は特にこの中の最後の歴史的世界の始源的構造が「絶対の場所」にかかわるという言葉に注目したい。なぜなら私の「三位一体の於てある場所」の思想は、まさしくこの点にかかわってくるからである。元来私の「三位一体の於てある場所」の発想とは、鈴木哲学に遭遇する以前に、西田哲学を媒介とする日本のカトリック神学の形成を具体化しようと腐心している間にひらめいてきた根源的直観であって、キリスト教的視点からこれを見た場合、父と子と聖霊という三位一体的実在の「於てある場所」そのものを西田は「絶対無」の場所と呼んでいるのではないかというのが私の予想であった。

そしてこの直観こそ私の思想一切を基礎づけるデカルト的原点であって、しかも方法的懐疑によってもたらされた幾何学的思惟の所産ではなく、究極的大地を求める霊性的実存の、天と地の出会いの体験的確かさというべきものであった。そして、ここから「三位一体の於てある場所」を探究する哲学が、日本の神学の基礎になるという根本的確信を得たが、しかし実際には鈴木哲学と遭遇するまでこれを理論的に具体化することが出来ず、私自身のモノローグに留まっていた。

鈴木哲学が西田の論理を一層推進することによって、より実在判断の三位一体的構造に接近し、それを要請してきた時、はじめて私は私の神学的思惟と響存・呼応する共通の場を意識し、生き生きと作動しはじめたのである。そして鈴木哲学における「歴史的世界の始源的構造」としての「絶対の場所」とは、私の立場からみれば、まがいもなく「聖三位一体の於てある場所」であるという確信を得た。そしてこれを思想的に裏付ける根拠を、私は誰よりもロシア最大の宗教哲学者、ウラジミエル・ソロヴィヨフの「三位一体的ソフィア」論に見出し得るように思う。

ドストエフスキーの最も有力な思想的鼓吹者であり、その晩年はギリシヤ正教からカトリックに帰正したとさえ伝えられるソロヴィヨフ(45)は、全体系の基礎に三位一体論的思想を前提しているが、その名著『神人論(46)』の中で、三位一体的絶対者の自覚構造をきわめて論理的に次のように説明している。

① 父なる神、即ち絶対的実体あるいは始源的存在者としての直接的実在者。すべての他者を内包した自覚的実在者としての霊。

② 第二のものは、第一の主体の永遠の現われ、あるいは父なる神の表現としてのロゴスを指し、すべての他者はこのロゴスを受けとる受動的存在としてのみ神から分離される。即ちイエス・キリスト。

③ 次に第三のものは完成の霊としての聖霊であり、一切の中に自己を実現し、他在においてて自己を見る神である。この意味で聖霊なる神は、相互に関係し合う相互の主体であり、すべての他者は神から自由に離れた存在となるが、神はこの独立した個体としての他者と自己否定的に結合することにより、他者の中に自己を表わし、自己へと回帰するのである。

ところでソロヴィヨフの場合、何故に三位一体の神が「場所」を持つかということであるが、彼はこれを「ソフィア論[47]」の問題として展開している。

「神人論」における「ソフィア論」を要約すると、自体存在としての神からの発出する子なるロゴスは、父の神格を明るみへともたらすものであるが、神がロゴスとして永遠に存在しつつ、しかも世界に内在する働きとなるためには、神的・創造的統一を受容する所、統一の「場所」を前提にしなければならぬというのが主な理由である。つまりイエス・キリストの神・人性の成立そのものが、すでに人格的、世界的他者を前提し予想するものであり、その他者とのかかわりの中で現われることであるという。

ソロヴィヨフによれば、神自身の内面性における他者はロゴスとしてのキリストであるが、創造された第二の統一は、キリスト・イエスにおける理想的人性、つまり「身体」なのである。これを彼はソフィアとよび、イエス・キリストは、この統一を自己の中に実現しているので「ロゴス」でもあり「ソフィア」でもあるという。この場合にキリストの身体をソフィアと呼ぶのは、日本人としてはあまり聞きなれない表現であるが、これは伝統的なキリスト教神智学の中に流れている深淵な英知の表現であって、聖書的裏付けをも持つものである。例えばソロヴィヨフも予想している旧約のソロモンの箴言八章二二、二三節などはその一例であろう。

「主が昔そのわざをなし始められる時、そのわざの初めとして、わたしを造られた。いにしえ、地のなかった時、初めに、わたしは立てられた。」

このように神が自己の創造に際して、自己の前に前提した「神」と「世界」の媒介者、「無の場所」あるいは「神における自然」こそソフィアである。あるいは私がこれまでしばしば使用してきた大地的霊性といったらよいであろうか。しかしソロヴィヨフの場合、これを神的有機体、あるいは神の身体としてキリストの理想的人性をソフィアと表現する反面、これを内在的に「世界霊魂」とみる場合があって私には大変興味深い。ここで身体は、全く同時に心霊的に捉えられ、世界が歴史的身体とみられていることがよくわかる。身体は受動的で能動的であるが、このソフィアも神に対しては受動的であり、神の他者としての世界に対しては、能動的主体となり、しかも神に結びつく自由と離れる自由をもつ二重の存在なのである。

　こうして神と世界の間に介在するソフィアの理念は、有の母胎とも考えられ、母なる大地、あるいはソロヴィヨフの体験した象徴的な「永遠の女性」とも考えられるのである。

　こうして神の創造行為における神の適性ともいうべき無の場所としてのソフィアは、有限と無限、相対と絶対、時間と永遠の中間者として、鈴木亨の有限即無限の逆接的な場の構造からしか正確には解明出来ない。

　しかしソロヴィヨフがソフィアをイデア・コスモスとして、新プラトン派的に解釈したり、永遠の女性のイデーの中にドイツ・ロマン派的な情緒を混入した場合には、ソフィアは真の媒介的機能を失い、神が「世界霊魂」を通じて、一切の被造物の中に聖霊として発現する場所たりえないということになるであろう。ここに私がソロヴィヨフの「三位一体的ソフィア論」に絶対無を媒介し、「三位一体の於てある場所」として把握しようとした根本理由がある。

(ii)　さて私は以上のように考えることによって、私の「三位一体の於てある場所」は、最も深い実在根拠を得たと信じたい。何故ならこの把握において、キリスト教の最も本質的な核心と、東洋的無の思想は共に不可欠のものとして実在的に把握され、日本精神史の中核からカトリック神学の最も枢要な土台とみられる三位一体の神がまっすぐに志向されてくるからである。

そして一方東洋的無は、逆にキリスト教的な啓示真理と三位一体的人格主義を受容することによって、はじめて歴史的世界に働く力となりうると思われる。日本人キリスト者はこの両者を一つに体現する最も有力な場に恵まれているのであって、西欧から伝えられた衰弱した分派的キリスト教を唯一のものと考えてはならない。むしろキリスト教の最深の根源を掘り起こして日本的霊性ときり結ぶことを使命とすべきであろう。

私が哲学を越えて神学を志向するのは、ひとえに日本文化の最深層のものと対応するためである。そして、キリスト教の根源として掘り起こされるべきものは、何よりも三位一体の真理そのものであろう。この点についてソロヴィヨフの系譜を現代に伝えるベルジャエフは、「神と人間の実存弁証法」において、神人論《テアンドリー》の命題はキリスト教の根本問題であることを指摘しつつ「キリスト教は一神教的または君主的宗教ではなくして、神人論的、三位一体的宗教である[48]」ことを強調し、「神的三位一体論はたんに教理学的形態やスコラ神学の真理ではなく、深い実存的意味をもっている[49]」とのべているが、彼の提唱する三位一体論の実存弁証法は、西田の絶対弁証法と共に、私の思想の両極を形成するものである。

「三位一体の場所」として把握される私のキリスト教思想の根底には、最も深い意味での実存的な三位一体論的人間学が胚胎しており、それがまだ僅かな光であるとはいえ、西田の絶対無の哲学を背後から光背の如くに照し出している。

私は、私自身の長い哲学的探究を通じて、絶対無の哲学に最も深い共感と全人格的な思索への招きを体験したが、その背後に絶対的な統一と絶対的な多様性を示す三位一体に、いい知れぬ神のゆたかさと安定した完全性を見出して、その探究の勇躍するものを感じた。これは何故というよりも、人間そのものとしての全人格的予感という外なきものである。

ベルジャエフもこの真理の所有の喜びの充溢を内にたたえて、その理性にまさる真理の明証性を伝えようと次のように表現しているのは甚だ興味深い。

「論理学は思考が存在に適合する事である。聖三位一体への信仰は他の世界への信仰であり、同一律にも排中律にも拘束されていない健康な無限定の存在への信仰である。聖三位一体の理念は論理学の法則によっては是認されないのであって、ロゴスの法則によって是認されるのである。三と一とが同一であると云う此の真理は論証的思考によっては納得され得ないのである。同時に三と一ではあり得ず、三或いは一であらざるを得ない限定された存在の力から解放されている直観的思考によって、此の真理は了解されるのである。論理学の法則は存在の病患であり、それは充溢せる真の存在を受け入れるのを思考に不能にするのである。(50)」

ベルジャエフは自らロゴスの法則とよぶ三位一体と論理学との関係を厳密に捉えようとしないために、かなり飛躍しているが、三位一体の生命は本来的には「霊覚」を意味し、これは主語的にも述語的にも繋辞的にも限定されない思惟にとって、超越的無であることをよく示している。そしてこの霊性的認識が、われわれの教育や知識を貫く道を啓示する意味においては、三位一体には世界史の最も深い法則が内在しているともいえる。

さらにN・フヨドロフは、これまで三位一体神が何の思想も喚起せず、また人々の意識にのぼることもなかったことは実に驚くべきことだとし、三位一体神こそ未来の世紀の神であると予言しているが、これは「その偉大さにおいては、最高の知恵といえどもこれに到達しがたく、またそこに感知される心情の暖かさにおいては、子供ですらも容易に理解され得るところの驚嘆すべき教理」[51]であるという。

日本の明治以後の哲学は、最高の英知を含みつつ、子どもにすら感知される思想の根源性、全一性を全く失ってしまったが、私はキリスト教的な三位一体の真理を究極に据えることによって、この根源性を回復したいという悲願を根底に秘めている。

三位一体の真理は、キリスト教の本体を示す信仰思想であるが、歴史的にはユダヤ教とギリシヤ思想の総合的果実であって、ヘブライズムとヘレニズムの岩を嚙む激流の中で結晶してきた摂理的所産であり、「三位一体の於てある場所」は、さらにこれに加えて東洋的霊性との出会いを生かそうとする発想であるが、根本においてこのねらいに狂いはないと私は確信する。その意味で三位一体神こそ未来の世紀の神であるという洞察には深い意味がある。そしてフヨドロフが強調するように、三位一体の究極の現実が、全体的純愛としての愛の法則を意味し、三位一体の課題が、いかなる限定をも超えた「人間そのもの」の課題であることがよく了解される。

聖書的根拠からこのことを考察しても、「それゆえに、あなたがたは行って、すべての国民を弟子として、父と子と聖霊との名によって、彼らにパプテスマを施し」（マタイ二八・一九）といわれているように、神の摂理の目的は、ひとえにわれわれの心の三位一体を啓示し、満ちあふれる神の国の饗宴にあずからせることにある。そしてわれわれが三位一体の神に心を向けるとは、具体的には、聖霊に導かれ、キリストの道をたどって、神性の源である父に向かうことである。その場合対象論理的知性は、絶対否定と二律背反という十字架にかけられることによって、はじめて生命の法則としての三位一体の啓示に接するが、この啓示こそあらゆる霊的認識の土台であり、聖霊体験としての自覚の頂点を形成するものである。そしてこの場合この神の側よりの最大の啓示は、人間の側からは最大の発見とみられるべきもので、絶対無の媒介は不可欠であろう。聖書の記述はこの聖霊体験の事実の記録に主眼が置かれていて、われわれにとっては聖霊体験・キリストの認識・神の把握がその順序なのである。

このように聖霊降臨を頂点として、「使徒行録」にのべられている体験された三位一体の奥義は、四世紀以来、一体 (una essentia) ——三位 (tres personare) として、三つの位格《ペルソナ》と一つの実体の差異と一致という形で教義化された。この同一実体としての三位という言葉は、三と一が矛盾しながらも一致することを示すために用いられたのであり、それはいわば関係実体とでもいうべく、絶対的統一と絶対的多様性の一致を示すことばである。

それゆえこの関係は、ベルジャエフもいうように、純粋にキリスト教的な「霊的認識」の事実を説明しようとしたものであって、位格 (ヒュポスタシス) という概念も、本体 (ウーシア) という概念も、ギリシヤ哲学の実体論にはみられない超範疇的関係を示すものである。

したがって神の独自なそれぞれの三つの「位格」が、同じ内容の「本質《ウーシア》」をもつということは、その統一が他の支配となることなく、また個多の独立が敵対となることなく、また相互に混じりあうことでもなく、自己の持てるものをすべて他に与えつつ、しかも自らの独立が保たれる関係をいう。その場合「三位一体」の一体を una essentia で表現することも適当ではなく、少なくとも「三位一体の於てある場所」は、「絶対無」と表現されることが最も望ましい。

この各位格が、本質を内に持ちつつ他に与える独得の関係は、唯一なる神の自覚の内における対話《ディアロゴス》と無我愛《アガペー》をさしており、キリスト教の本質は、この事実の歴史的啓示という所にあると思う。

そして人間はこのような三一神的関係（原実在）の映し（imago Dei）として創造されたものである。したがって鈴木亨の「存在者逆接空」は、私の立場からみると三位一体的実在の「自己射映点」と解さるべきものである。さらに三位一体の神をその啓示様式に従って、存在根拠としての父、理性根拠《ロゴス》としての子、生命根拠としての聖霊と解する時には、ソロヴィヨフの三位一体論にみられるごとく、父は主語として「即自的」に、子は述語として「対自的」に、聖霊は繫辞として即自即対自的に自覚的存在として実存することになる。しかしこの三原理は、ヘーゲルのように、相互に綜合において止揚しあう弁証法的契機ではなく、端的に「同時的」かつ「同権的」である。

われわれの自己意識が表現される思惟作用としての命題判断には、この三位一体的真実存在者の実在構造が反映していて、その実在の形式である論理的限定が、主語・述語・繋辞となるのであり、そこから哲学的思惟の諸類型が生じてくるのである。ヘーゲルは驚くべき洞察力と思弁的力量を駆使してこれを弁証法の形式に仕立てたが、真の絶対無の場所的論理的把握に到達し得なかったために、多くの歴史哲学的な真理を掘り起こしながら、ついに悪無限の壁に直面して、その後分裂を招いたということができよう。

この点、西田哲学の絶対弁証法は、「三位一体の於てある場所」の弁証法として、真の絶対と相対の関係に新しい局面を打開するものである。即ちこの「場所」は、三位一体そのものではないが、大地的霊性を意味するものとして、絶対と相対の関係する「自覚の事実」「心霊上の事実」を意味するものであるから、これこそ誠の三位一体の自己射映点、つまり神が人になった歴史的啓示の事実が信仰となる自覚の原点を指している。

そして西田哲学の場合、神と我々との関係が、相互に関係し合う「心霊上の事実」として、それが宗教の根本的事実となっているから、キリスト教的信仰事実としては、まさしく三位一体の場所として即応する働きとなるはずである。もう少し具体的にいえば、三位一体といっても自覚契機は聖霊に相当するのであるから、西田のいう場所とは、キリスト教的には聖霊の場所を意味するのであって、端的にいってそのような聖霊を受け取る能力としての「心霊上の事実」を論理化しているのである。従って西田哲学はどこまでも繫辞の判断論の立場に立つものである。

この意味で西田哲学はあくまでも「霊性的自覚」を根幹とする哲学であり、キリスト教はどこまでも三位一体的聖霊の自覚を生命とする宗教であって、この関係はまさしく不即不離である。西田哲学を究極にまで展開すれば主題は実にここにしぼられてくるのであって、それは「我々の自己の底には何処までも自己を越えたものがある、而もそれは単に自己に他なるものではない。自己の外にあるのではない。そこに我々の自己の自己矛盾がある」[52]という自己の霊性上の事実から出発する西田哲学にとっても必然の道行きといわなければならない。

このようにして、西田哲学を徹底することによって聖霊神学的神論を展開しようとする私の神学的企図は、十分の根拠を持つものであると思う。福音書には、やがて人間が神を霊として、また真理として崇めるような時代が来ると書かれているが、従来の伝統哲学や神学のことごとくが行き詰まり、深刻な危機が予感されている現在、霊または聖霊の至上の啓示に対して、下から準備する西田哲学のような日本的霊性的な大地性の哲学が、改めて深い意味をもって登場してくる必然性があるというべきである。

しかしながら、西田哲学はあくまでもその立脚地を大乗仏教的な内在的超越の究極に接するものであって、未だ真に私のいうような三位一体の大天・大地性に接触していない。その意味で西田哲学の場所的無は、その永遠性を「有限でもなければ無限でもないと共に有限であると共に無限でもあるものとして」捉える「過程的場所」の性格に真面目をもつものである。そしてこの「過程的場所」にこそ現代の最深、最大の哲学的、神学的課題があり、この課題に迫るためには、何よりもハイデッガーの呼びかけるような思考の転換が必要とされる。そこには矛盾相即的場所的思考の介在は不可欠である。

このことは、歴史的世界における神の受肉として、三位の神のはたらきが、けがれを知らぬマリアの同意と信仰（fiat）があってはじめて実現したことの中に、何よりも深く啓示されている。この意味の重要性は、フォイエルバッハすら看過しなかったのであって、私の「三位一体の於てある場所」が日本のカトリック神学の礎石であるという決定的根拠は、それが哲学のみならず信仰の生命の要求そのものであるということによっても一層よく理解されよう。そしてこのようなアプローチが神学のみならず、カトリックの哲学にとってもいかに重要な課題となっているかは、日本の代表的なキリスト教哲学者である松本正夫の西田に関する次のような発言の中にも的確にみてとることができよう。

「…私見であるが、先生の学問は究極するところ宗教哲学であり、それは仏教的基盤に立ちながら、キリスト教への深い思慕に貫かれている。その「場所的無」の弁証法には、絶対者（神）と相対的総体（世界）との共存、いわゆる「無からの創造」を可能ならしめる、スコラ哲学で謂う「存在の類比」に、重大な示唆を与える何ものかがある。(53)」

（iii）　このように、キリスト教の絶対観を三位一体論的に把握し、その「無の場所」の意義を正しく認識し、自己の本心に贈られるものを透して神を見る聖霊論的アプローチに立つ時、はじめて西田、田辺、鈴木哲学などの日本の代表的哲学者たちの哲学的要求が、十全な論理的根拠をもって生かされるようになると私は考える。

従来私たちにやきつけられたキリスト教のイメージは、それ自身の体質によるものか、あるいは明治以後日本に流入したキリスト教の主流が、カルヴィン派のピューリタン的超越的倫理宗教の色彩が強いためか、キリスト教のイメージは著しく一神教的、非妥協的、超越論的色彩の強いものであった。この点キリスト教に理解のあった西田ですら「対象的に超越的な宗教」

とか、真の自己否定を含まぬ「君主的神の宗教」といった批判を敢てしている。

そして、あらゆる事柄に柔軟な洞察力をもつ鈴木亨すら、次のようにキリスト教を批判している点は、われわれとしても十分検討に値する内容を含むと思われる。

「日本文化の伝統を西欧思想と対決させて主体的に把えようとする意味で、わたし自身がとくに問題としているのはフォイエルバッハやニイチェ、ハイデッガー（初期）などの無神論的な思想と仏教とくに禅の無神論的な本来的自己の回復としての実存思想とのより具体化された形態として、いわゆる西欧キリスト教の人格神の立場を克服したいということである。という意味は、今日いわゆるキリスト教の人格神は人間を上から支配する原理として、人間の独立と自由をややもすると侵害するものとして、近代精神にとって否定されゆくのは当然の成り行きであり、したがってフォイエルバッハ、ニイチェなどによって無神論が唱えられるのは、おもうに当然のことである。[54]」

さらに氏は、西欧のキリスト教神学のほとんどにみられる神の直接的絶対化にどうしても与しえない理由として「絶対観」そのものの不徹底を挙げているが、これはわれわれの立場の反省にとって特に重要であろう。なぜなら「その場合の神は相対的な人間に対して相対ではないとして否定しながらも、やはり相対に相い対しているからにほかならない。絶対とは対《つい》を絶するものでなければならないが、しかしまた単に対《つい》を絶するものは相対と関係を持ちえないから、真の絶対であるとは言えない。真の絶対は自己を絶対に否定するものとして、相対において自己を否定的に表現するものでなければならない。それゆえに絶対の無として空であり、そこに超越空の大慈大悲として、現実のわれわれの世界が存在している」[55]からといわれるのである。

この点からみて、超越をキリスト教的有神論的神であるとすることは不可能であって、むしろ東洋的空こそよく人間存在の自由と独立を表現しつつ、それを絶対に限定する根拠としての論理性格をもつものとされる。そして「存在者逆接空」と規定される論理的性格は、人間だけに妥当するのでなく、物質、生命、精神を貫く全存在者の根源的かつ歴史的理法であり、その意味で超人格主義 superpersonalism であるとすらいわれる。

確かにこれはキリスト教的有神論的神の自覚というよりは、親鸞が自然法爾と呼んだような母なる自然を意味し、宇宙に充満して存在の根底としてひそやかに呼びかけるエネルゲイアを指す。そしてこの「宇宙の絶対中心である空の否定的自己表現としての物質、生物、人類はそれぞれにこの中心を映し合い、響き合うのであって、この（personare 貫いて響く）ものに応答してゆくことこそ真の人格的存在 persona にほかならない」[56]という。

これは私にとっても心底から共鳴し得る把握であって、この要素が従来のキリスト教の自覚に稀薄であったために、いつも私はキリスト教が自分のものでないような疎外感に悩まされてきたといって過言でない。しかし一方逆にこの空の座に透入した場合には、自分でも驚くほどにキリスト教の当体がカトリシズムとして特殊即普遍的に理解されてくるということである。これは一見不思議なことに思えるが、よく考えてみれば、この空の座は母なる自然として、真の人格誕生の場所なのであり、空即人として、人間的生存の自己成立の根本的事実を意味するのであるから、このことはむしろ当然のことといえる。

一方、鈴木の「存在者逆接空」といわれる「場」は、私の立場からいって超越的内在的には「三位一体の於てある場所」に対応するのであり、その場合は、「逆接空」そのものが「神・人性」誕生の母胎となる。これは場所的論理の本質からいって理の必然である。

私は先に真のキリスト教はなによりも三位一体的、神人論的宗教であるといったが、父と子と聖霊の、そのいずれの場合にも、その啓示真理の自覚的形態において三位一体的、場所的論理の媒介は不可欠であり、単に上から支配する有神論的形態をその本領とするものではないということは特に強調しておかなければならない。

福音書においてヨハネが「神は愛なり」（ヨハネ一・四・八）とのべている言葉は、パウロの「……かえって奴隷のすがたをとり」（ケノシス、空化、フィリッピ書二、六－八）という事実と深く対応しており、君主的、独裁的な人間を上から支配する原理とは対蹠的な絶対的な無我愛《アガペー》として表現されており、人間の隷属性を排除し、その自由と品位を高める至誠なる愛と犠牲の神として示されている。

またもうひとりの助け主（ヨハネ一四・一六）と呼ばれている聖霊なる神は、超越者と相対者との相互内在を現実化させる働きとして繫辞的世界と相接するのであり、主体的体験と自覚に即するものとして、まさしく「存在者逆接空」そのものといってよい。

このように三位一体論的な神の内的生に着目し、これを神人論的、聖霊論的深みから解釈する時、西田、田辺、鈴木哲学の哲学的成果は、キリスト教の内部に革命的変革をもたらし、その本来具有底を顕現させるのに大きな貢献をもたらすにちがいないと思う。

キリスト教内部の世界にあってこのような考え方に多少とも接近してきている思想家は、先に挙げたベルジャエフなどもその一人と思うが、事実西田は「ベルヂャエフは自分とよく似た考えを持っている。しかし彼の思想の歩みは論理的に余り強くない」(57)と批評しており、極めて飛躍的・直観的ではあるが、しかし随所に西田に近い絶対矛盾的自己同一的思考法が駆使されていることは確かである。

特に「心霊上の事実」を跳躍台として、ここから独創的な「神人論」に突っ込んでいくベルジャエフの思考には、超越者と人間的自己との場所的な結合関係がはっきりと示されている。この場合「心霊上の事実」としての場は、明らかに神性と人性が矛盾的自己同一的に出会う「場所」として捉えられ、人間は神の似姿を自己の中に実現することによってのみ、人間像を自分の中に形成するものであることが指摘されている。

そしてベルジャエフが繰り返し強調することは、キリスト教はなによりも神が人間になったことを教える宗教であり、この意味で神における人間性の啓示は、単に神的なものの人間性を通しての啓示のみでなく、神的なものにおける人間の啓示でもあるという。従って人間の霊的な深みにおいては、神が人間の中に生まれるのみでなく、人間が神の中に誕生するというのである。

ベルジャエフには、「神と我々の自己とは絶対矛盾的自己同一の関係にある」という論理的把握はないが、絶対無の場所である「心霊上の事実」において神人性が実存の内生に誕生することが一応おさえられており、大地的霊性よりの神・人格の誕生として、鈴木のいわゆる「本来的自己の回復」にもつながるものがあると思う。

しかしベルジャエフの思想は、ソロヴィヨフに比較しても著しく人格主義的であり、その点は長所であるが、しかし逆に彼はソロヴィヨフが提起したソフィア論を、実存自然史的に十分発展させることができなかった。

彼は「来るべき歴史において甚だ大なる未来をもつものは、永遠の女性[58]」であって、母なる大地に象徴される自然の普遍的生命の神秘との接触が、現代の宗教的復活に重大な役割を占めることを一方ではよく認識しているが、他方スラヴ精神には、いつも普遍的ロゴスをいつしかロシア的なものにすりかえてしまい、母なる大地とは結局ロシアであり、ロシアの風土的民族的本性を基本範疇としてしまうような危険な傾向があることを手きびしく批判している。彼によれば「ロシア国民はつねに集団のぬくもりのなかで、大地の自然に溶けこみ、母のふところに抱かれて生活するのを好んだ[59]」という。そのために、ロシアの歴史には騎士道とよばれる男性的原理がなかったように、「ひとり母なる大地のみが人格として受肉して」おり、基本範疇が母性であるために、キリスト教の信仰においても、神の聖母は三一神に先立ち、殆んど三一神と同一視され、場合によってはキリストは審き主にとどまり、ケノーシスを知らないかのように見える時すらあると指摘している。

そのためにベルジャエフが深く希求することは、このロシア的大地の非人格的自然的本性に真の形を与える精神の深奥における男性的、人格的構成原理の啓示、宗教的、男性的なロゴスへの召命である。そしてその場合「新生へのロシアのよみがえりは、精神の男性的、積極的、創造の道程に、人間と民族のうちなるキリストの出現に、つながるほかはない」[60]と結論づけている。

この方向を歩んだ最も先駆的な典型的な思想家はウラジミエル・ソロヴィヨフであり、彼はこのようなキリストの普遍精神から、教会ナショナリズムを含めたあらゆるナショナリズムを容赦なく批判し、民族的、自然主義的土俗的本能にとらわれている閉鎖的なロシア精神に、公正な、開かれた人格的光化をもたらした。この点ソロヴィヨフは、ドストエフスキーよりはとらわれのない自由な魂をもっていたという。

以上のことは、キリスト教を前提とし、それと深く習合したロシア的大地、母なる自然の甘えの意識の問題であって、仏教形而上学の深淵な哲理と、鍛えに鍛えられて洗練された日本の禅や浄土真宗や武士道を包括する日本的霊性理念における「自然」とか「空」とか「無」の問題と到底同一視するわけにはいかない。むしろ鈴木のいう「存在者逆接空」というそこから出発しなければならないと思うが、しかしそれにもかかわらず、日本におけるカトリック神学の展開を図ろうと企図する場合には、ベルジャエフの提起した「人格化」「ロゴス化」は、キリスト教自体から要請される不可欠の課題であって、これを「西欧キリスト教の人格神の立場を克服したい」と望む鈴木の立場とどのように出会わしめるか、これが日本精神史の最重要な課題としてつきつけられた、私にとっての最深最大の試金石といえるものである。

しかし考えてみればこのような根本問題は、単に私一人の特殊な好事的関心にとどまるものではなく、深く私たちの先輩を悩ました問題であったはずである。例えば西田と最も深く交流し、西田にキリスト教を伝える窓口の役割を果した特異なキリスト教思想家であった逢坂元吉郎などは、早くから西田の場所論と三位一体の両面の真理に着目し、まったく独創的なエキュメニカルな教会論に到達したが、彼においてすでにこのことは重要な問題となっていた。ごく最近発見された逢坂の西田宛の手紙にもそのことがはっきりと表現されていて、はなはだ興味深いものがある。

「……大拙さんの二対一の論はまだ読みませんが、キリストの御意についての引照はどうかと存じます。盤珪和尚の不生と同一のように見るのは当らないと存じます。私らはやはり三位一体の神を上に見ているものです。前に申したオルソドックスは摂理に一々三位の各位が働いているものを申しています。むしろ働いている三位の各位が摂理を造っているというような見方です……」(61)

そのほか、彼の著作集をみると、「三位一体の交わりの中にわれわれが入っていくのが、キリスト教生活の眼目である」とか「天上の聖三位一体、これがすべての権威である。これのみがこの世の哲学に勝つ、これ以外は枝葉の事柄である」とかいう言葉が散見しており、キリスト教にとって三位一体がいかに核心的なものであるかをよく示している。

若年の頃から晩年に至るまで西田に深く傾倒し同感していた逢坂ではあったが、「三位一体」の理念と「絶対無」とを同一化して把握しようとする西田の傾向には一貫した抵抗を示しており、他方西田は何とかして絶対無の立場から、絶対の他としての客体的存続（三位一体）を位置づけようと腐心し、これがしばしば討議の対象になったり、書簡を通して質疑を重ねていたことは、歴然たる事実である。しかし両者とも実はそれが「三位一体の於てある場所」の問題なのだという端的な把握には至らなかった。ただ彼らがこの問題に先鞭をつけたことだけは間違いない。したがって次のような西田の表現も、逢坂との対論なしには考えられないことである。

「永遠の生命の世界は、キリスト教的表現を以てすれば、その根底に於て、父、子、聖霊の絶対矛盾的自己同一的に、三位一体の世界である。是故に歴史的世界に於ては、すべて有るものは、永遠の生命の器官ということができる。(62)」

この文章は西田が三位一体の世界と絶対矛盾的自己同一の関係を示し、「歴史的世界に於てあるもの」を永遠の生命の「身体」とみる三位一体の於てある「場所」にかかわる重要な内容を表現しているが、しかしその実体は全く西田流の解釈である。その証拠には、続いて書かれた「場所的論理と宗教的世界観」ではさらに次のようにいわれている。

「絶対矛盾的自己同一としての絶対現在的世界は、何処までも自己の中に自己を映す、自己の中に自己焦点を有つ。かかる動的焦点を中軸として、何処までも自己自身を形成して行く。此に父なる神と子と聖霊の三位一体的関係を見ることができる。[63]」

これによってみると、ここで論じられている三位一体とは、あくまでも「世界の三位一体的関係」として、絶対的一者の自己射映点であることが論じられているのであって、必ずしも、キリスト教的な父と子と聖霊の内的生命の消息を自覚的に表現するものではない。むしろ聖三位一体の自己射映点というべき「場所」、つまり自己の根底としての「霊性の場」からの発言である。西田は存在の根源を統一的に把握し、それを矛盾的自己同一的に二にして一、一にして二という絶対と相対に関する「二一体の構造」を比類なく正確に把握するものではあるが、その奥に介在する真に統一的にして三体的な、三位一体の位格にまでは踏みこんではいない。

しかしこれは考えてみれば、当然といえば当然かつ自然な事なのであって、西田が追求してきたものは、人間にとって最も根本的な主題である「霊性的自覚」の論理の開拓にこそあるのであって、より神学的ともいうべき「聖霊の論理」の探究ではなかった。だがそれにもかかわらず、この両者の間には不即不離の関係があるのであって、西田哲学を究極的に展開していけば、最後の主題はここにしぼられてくる。これは先にも書いたように、「我々の自己の底には何処までも自己を越えたものがある。而も単に自己に他なるものではない」という自己の霊性上の事実から出発する西田哲学にとって必然の道行きでなければならない。この道行きに対応するキリスト教の問題は、間違いなく聖霊の問題であるが、聖霊はキリスト教神学の中ではほとんど開拓されていない分野といって過言ではない。在来の神学は決して「聖霊の神学」ではなかった。そのために神とこの世界と人間との間に成立する関係を正しく解明し、神の受肉という神秘を深く把握することが出来なかったのである。私たちは西田、田辺、鈴木哲学などの日本の哲学との出会いによって、「宗教は、哲学的には唯、場所的論理によってのみ把握せられるのである」[64]故に、かえってこれをカトリック神学の主要テーマとして自覚しうるのである。最後に私はこの問題を主題にすることによって、日本の哲学の神学的基礎づけを図りたいと思う。

（4）響存哲学と聖霊神学

以上私は紆余曲折をたどりながら、第二章において日本の神学の哲学的基礎を探究し、これを「三位一体の於てある場所」の哲学と把握し、第三章においては逆転し、キリスト教的三位一体論にとって「場所」とは何であるかをみた。そしてここに哲学と神学、「啓示の真理」と「自覚の真理」の間にまさに摂理的な対応があることを確認しえた。続くこの章ではさらに日本の神学の本領は「三位一体論的聖霊神学」にあることを論じたい。

キリスト教をこの角度から理解する時、鈴木亨によって提起されたようなキリスト教批判は初めて内側から乗りこえられ、神は決して人間の自由と活動を局限するものでなく、かえって人間の創造的展開を可能にする決定的条件と解され得るであろう。事実私のカトリックへの入信の動機は「真理は汝を自由ならしめん」という御言葉によったものであって、このことは何よりも自らの内的要請以外の何ものでもない。従って私はこの問題を鈴木の究極的立脚地を示す「響存的世界」の哲学との関連で取り上げてみたいと思う。

その場合、氏の哲学は、近代精神の自覚がたどった必然的な道行きをどこまでも徹底しており、その内在的克服をめざす最も先端的な哲学思想であることを銘記してかかる必要がある。その歴史的考察を詳細に試みる余裕はないが、近代精神の展開の問題点を、内的に最も深く代表するハイデッガーの哲学が、「響存哲学」の宗教的根底と深く対応するものをもち、その上むしろ鈴木哲学はハイデッガーを乗りこえる論理的試みを示していると私は考えるのである。

近代精神の独立と自由の主体的意義をよく認識し、ニーチェ以後のニヒリズムの現象にも精通するハイデッガーは、従来の西欧形而上学の歴史を「存在忘却」の歴史と断じ、従来とは異なった活路をたどって、人間存在の故郷に回帰することが絶対者の発見につながるような新たな思考法を開拓し、それによってキリスト教の神を再解釈しようとする意図を秘めていたことは間違いない。彼はそのための基礎的存在論を確立するために、ギリシヤ初期の精神の基盤である存在 Sein の思想にまで溯源したが、この存在とは「存在者を存在者として規定する」根源的自然を意味するものであった。彼はこの存在を physis として捉えている。(65)

この着眼は実に見事なものであって、この根源的アプローチは、自由と独立を求めて神を失った近代人と、さらに精神の大地と自然の大地までも失いつつある現代人の、機能化した底無しの悲劇に根底からの解明と救済を与えようとする待降節的試みである。そしてヘルダーリンの詩の解明に依託した彼のフュシスの解明によれば、自然とは元来は「すべてを生み」「生かすもの」また存在の光の中に出で立つもの、明るみとしての自然を意味するものである。したがってわれわれが常識的に解釈しているような対象的自然ではなく、あらゆる現実的なものに遍在して存在の明るみを贈る場所の如きものとみるべきであろう。それゆえにこの根源的自然は、従来のキリスト教の神や形而上学で考えられていたような超越者でもなければ、また単なる存在者でもない。あくまでも「存在者の存在」として、どこまでも脱底的にAb-Grundとして、或はシェリングの「神における自然」における Ungrund をさらに純化して捉えようとしているかにみえる。

　このようにみてくると、ハイデッガーの探究するものも、私の立場からいうと、やはりソロヴィヨフや西田と等しく、「三位一体の於てある場所」の解明に新たな光を投じようとする現代的試みであることは明白である。

　しかし、ギリシヤ的始源の存在が、どの程度この要求に応え得るかは「存在」という用語に固執する限り極めて疑わしいといわねばならない。鈴木は烱眼にもこのことを深く察知し、ハイデッガーの企図を自然と歴史の連続的統一とみる「歴史的自然」の概念の確立によって、「存在者の存在」の根源的二重構造を正確に論理的に規定しようとする。それが前にもみたように、絶対に主語的なるものと述語的なるものとの絶対逆接性としての「繋辞的自然」を意味するものにほかならない。

　後期ハイデッガーにおいては、存在の光の射す歴史的場所は現存在 Dasein の Da として正しく捉えられているが、この場の構造の論理的構造が厳密に自覚的に明らかにされてはおらず、この意味で鈴木の解明する実存論理学は、私の「三位一体の於てある場所」の論究にとっては不可欠の手がかりとなるものである。それは私のいう「三位一体の於てある場所」が、同時に「存在者逆接空の場所」であることによって了解されるが、この点をもう少し鈴木哲学の展開に即してみることにしたい。そのためにハイデッガーの実存 Existenz と区別された開存 Eksistenz の立場が、さらに鈴木哲学によってどのように克服されているか、それを氏自身の言葉によってまず綿密に理解しておきたい。

「人間的存在は述語即絶対主語（超越空）の絶対逆接性である歴史的な推論的世界においてあるものとして、その機械的な述語的段階である物質史と、より自由な主語（主体）的である生物史との弁証法的発展の成果としての最も自由である媒語的段階なのである。そこに人間存在は「存在が存在する」ものとして自覚的存在といいうる。この繋辞の充実されたものが媒語的段階として、人－物－人の外的・物質的な推論式的世界としての社会と、人－空－人の内的・精神的な推論式的世界としての実存的な推論式的世界なのである。真に現実的・具体的な世界はこの内と外との両推論式的世界の身体を媒介として響和（こだま）する推論式の推論式としての根源的にして具体的な世界である。わたくしはこの世界を、ハイデッガーの存在の光の中に出で立つ開存 Ek-sistenz の境地がなお孤独な立場を出ないのに対して、人と人、世界すなわち物質・生命・精神・社会の間に開かれ、相互にこだまし合う世界として、これを響存 Echo-sistenz の世界と名づけるのである。そしてこの響和性を欠く世界が、マルセルのいわゆる『こわれた世界』として、疎外された日常的現実にほかならない。そこでは人と人とは超越空を媒介として響和しているのに、この空の促しに気づかず、疎外された状況にあるものとして意識するとしないとにかかわらず、不安、絶望に陥っている。これが日常的現実としての実存的状況である。この精神の疎外的状況を自覚することを通してわれわれが、そこに働く根本的理法すなわち自己が超越空に関わることを通して他者に関わる自己関係に目覚めるならば、われわれの疎外的状況の主体的回復がある。(66)」

鈴木哲学においては、このように単に人と人との間のみでなく、精神的世界と生命的世界および物質的世界の間に響和し合う根源的現実的世界が考えられており、まことに見事な実存自然史的体系となっている。この把握を真に可能ならしめるものこそ、「存在者逆接空」と表現されている「空観」であろう。ここに私は、ハイデッガーの「存在」概念を超えて、人間の心こそ万物の中心と考える仏教や東方教会の深淵な伝統の現代的再生を予感するのだが、この自己の本心とでもいうべき霊性、あるいは宇宙的自己として本心は、決して自己意識という枠に閉じこめられるような存在でなく、むしろ宇宙大の本心と自己同一であり、存在の底でわれわれに呼びかけ、ひそやかに素顔をのぞかせているものである。

したがって鈴木哲学における「響存」が本心論と結びつく可能性がみられるのは自然のことであり、一見極めて西欧的、論理的主題を大胆に追求する氏の哲学が、根本において日本的霊性的実存の哲学であることを発見し、深い感慨とよろこびを禁じ得ない。それは単に安易な日本回帰のナショナリズムに立脚する哲学というのではなく、むしろ特殊に普遍を盛る独創的展開の哲学であるからである。この意味で鈴木哲学はまさしく西田以来の哲学的精神の正統をそのまま担うものである。

こうして氏のいわれる「響存」とは、従来の一人称的、あるいは我と汝の二人称的世界を超えて、「物・それ」という客観的世界をも貫く根源的理法を通して、真に自己が自己となる世界構造を持ち得るのである。従って氏の場合、人間が真に人格性として存在することは、「超越空の呼びかけが人間を貫いて響く personare ことによってであり、その響きに応答する echo, echoen ことによって成り立つことを意味する。人格はその本心によって超越空からの呼びかけを聴き分ける Vernehmen のであり、そこに人間の理性が響存的理性として真に成り立つ」[67]といわれる。

この場合人間の本心とよばれているものは超越空が自己の来臨を告げる〈場所〉にほかなら

ず、われわれの良心や道徳はこれによって成り立つので、西田哲学が〈絶対無の場所〉というのもこれを指しているとみられる。

こうしてハイデッガーが「存在者の存在」とよび、ヨーロッパの思惟の歴史における「存在忘却」を想起せしめた思想の当体は、日本においてはその「存在」がさらに「空」に転化され、「存在者逆接空」と想定されたことの意義は大きい。そして本心に帰ることがそのまま逆接的に空の促しに応えることであるという実に普遍的な生活世界への実存の哲学が形成されたことは、日本におけるカトリック神学の哲学的基礎づけを探究してきた私にとって、はじめてその具体的手がかりを得たという感を深くするのである。

そしてまた一方では、従来私が考え続けてきた「三位一体の於てある場所」の思想が、逆に鈴木哲学における「響存哲学」の論理的展開によって益々その真実性が浮き彫りにされてきているように思われる。この真実を明らかにすることが本稿の主題であったが、研究を進めれば進めるほど、現代思想はニヒリズムの克服をめざして多くの曲折を経ながらこの思想的核心を志向し動いているように思われてならない。

この意味で私は将来のカトリック神学においては三位一体の霊性神学が抬頭し、哲学的には「場所的思考」が一層促進され、その出会いがめざされてくることは間違いないと思う。

かつてネメシエギ師は「今日のカトリック神学」を論じた記念碑的な重要な論文の中で、間断なく流れ込んでくる聖書神学、教父神学、スコラ神学、教会神学などの豊かな成果を紹介し、それに加えて、現代哲学の諸傾向や自然科学および東洋思想との出会いを含む新たな神学の課題についてのべられた後、これらの新しく開示された富を一つの綜合像にまとめる新綜合はまだないが、しかし「もし憶測を述べることが許されるなら、聖三位一体の神学がこの新しい綜合の焦点に立つであろう」(68)といわれ、その任務はまことに巨人的でありその実現は遠い将来のことであろうと結ばれている。

私はこの予測はまったく正しいと思う。しかしこの課題は必ずしも遠い将来においてではなく、この日本という東西の出会いの最も激しい豊饒な大地でその胎動がはじまっているのではないかという気さえするのである。そして新綜合の焦点に立つ聖三位一体の神学の哲学的基礎を深大に培い、それを真の人間自覚とするためには、場所的論理の援用なしに確立されるはずがなく、それは日本の哲学とカトリシズムの出会いを待ってはじめて可能になると私は考えるのである。

このような視点に立って考える時、西田、田辺、鈴木哲学と一貫して追求されてきた論理思想の歩みは、三位一体の啓示の霊性に対応するいわば「聖霊の場所」の論理の探究であり、キリスト教を聖霊論的アプローチで捉え直す道をひそかに準備している。

このことはさすがに西田において比類なく正確に感知されている。例えば次の文章はどうであろうか。

「我々の自己が宗教的になればなる程、己を忘れて、理を尽し、情を尽すに至らなければならない。……ルターも、ローマ書の序言に於て、信仰は我々の内に働き給う神の業なり、ヨハネ伝第一章にある様に我々を更えて新しく神から生れさせ、心も精神も念いも凡ての力と共に、我々を全く他の人となし、更に聖霊を伴い来らすといつて居る。(69)」

ここでは己れを忘れて、抽象的・対象的に考えられた自己への執着を断じて、自己が真の無となる転換を敢てする時、それが聖霊を呼ぶという意味に解釈されているが、これは一方では聖霊に満たされた時に本心をとりもどすということと逆対応的にいわれていることである。そして我々の自己が絶対矛盾的自己同一的に自己の根源に帰することが、即ち絶対者に帰する道であるというその方向に「聖霊を伴い来らす」という表現が用いられている。ここに見性成仏の論理との深い対応がみられるが、われわれはこの奥にさらに聖霊の論理との接続を探究せずにはいられない。なぜなら、「聖書に書いてあるとおり、『神は、われわれがまだ見たこともない、聞いたこともない、心に浮かんだこともない世界を、自分自身の聖霊を通じてわれわれに啓示された。』聖霊はすべてのものをきわめ、神の深みをもきわめるものであるから」（Iコリント二・九―十）といわれるように、われわれの霊性は聖霊に満たされ、それによって照らされることによって存在の奥義を知る。

またパウロは「あなたがたのからだはあなたがたの中における聖霊の宮であり、あなたがたは神からその聖霊をうけており、そうしてあなたがたはあなたがた自身ではない」（Iコリント六・一九）ともいっており、聖霊は宇宙の魂として、心の場所の一番奥に住む存在とされているのである。

一般に三位一体論においては、①父は宇宙の創造者、主宰者として、②子は歴史における神の天啓として、③聖霊は人類（世界）の心中における神の内在とされているが、この意味では、鈴木教授の「超越空」は、①と③を一つにしたものとして、特に第三の聖霊契機に対応しているとみることができる。

西田哲学や鈴木哲学には、中心となるキリストについての言及はないが、これは実在的世界の論理構造の探究に専らなるものとして諸宗教の共通の真理が追求されているのであって、当然なことといえる。しかし西田に「内在的超越のキリスト」についての言及があるように、「三位一体の於てある場所」の真理に到達する場合には、必然的にその霊性的実存の中に「神・人性の誕生」があることを正確に予見しているといえる。

ハイデッガーにおいて、本来の意味において自然《フュシス》とは「すべてを生み」（生かすもの）であったが、「聖霊の於てある場所」ともいうべき、「本心の場」も、自己にとって最も本質的なものの顕現する場所として、ある意味で永遠的なるものの造形の場であり、聖霊の光を受けて、「内在的超越のキリスト」を刻む場所なのである。

このように万法すすみて自己を修証する現成公案の論理、つまり世界の論理においては、生活世界一般が交響的にその中心を志向するものであることはいうまでもない。

矛盾的自己同一の場所的論理、または存在者逆接空の思想は、私のいわゆる「三位一体の場所」に対応する要素をもつものとして、三位一体の中の繫辞契機に中心があり、「聖霊論」的なのであり、内在的超越的には「キリストの体」につながるものを結果的に志向しているのである。

西田はその場所的論理をわかり易く説明して、「試にタウトによれば、永遠の美とは、芸術品がそのような形式を得た所の母胎たる一切の事物（国土、風土等）の総体によって課せられた諸の要求を、最も純粋に力強く充足するにある」[70]といっているが、このように我々に課せられたすべてを総合統一して、天地に一つの表現を与えること、あるいは多様なものに絞りを入れて、最も純粋かつ有力な表現を与えることがこの西田の論理の第一の特色である。

このように考える時、日本的霊性の場所的論理が、三位一体の場所的論理として聖霊の光を受ける時、日本人の内生に「内在的超越のキリスト」を誕生せしめる画期的役割を演ずるようになるに違いないとすら思う。

これまで日本人に哲学がないということが常識であったが、日本の哲学はヨーロッパでいう哲学の形を取らない「霊性的自覚」の哲学なのであって、ロシアの哲学が文学に内在するごとく、日本では文学、宗教、生活全体を含めて地下水の如くに汎在し、現在ようやく場所的論理の確立によって、世界史的意義をもつ霊性の哲学が形成されつつあるといってよいであろう。

この観点から鈴木哲学における響存的人格主義というべきものを評価する場合には、現代のカトリシズムに最も必要とされている生活論理がそこに一貫して支配していることを知るであろう。

「宇宙の絶対中心である空の否定的自己表現としての物質、生物、人類はそれぞれにこの中心を映し合い、響き合うのであって、この〈Personare貫いて響く〉ものに応答してゆくことこそ真に人格的存在にほかならない。[71]」

これこそわれわれの生の最深部の「愛の場所」に立脚する何ものにもとらわれぬ自由な、個性と個性の、集団や民族の本心からのペルソナのあり方である。日本のカトリシズムは、そのすぐれた善意にもかかわらず霊性的実存の本心的な基底において、まだ映し合い、響き合う実存の深みには未だに到達していない。その理由は、日本におけるカトリシズムの体質と神学的哲学的論理がまだ十分にわれわれの本心と結合して具体化されていないからであり、バチカン公会議以後の展開はこうした壁を次々に乗りこえさせているとはいえ、その神学的・論理的基礎づけにおいてまだまだ不十分なものがあると思う。

本心と一つになって他を愛することなしには、如何に濃厚な愛でも本当の愛ではないように、本心と神を引き離しては、宗教も哲学も決して完全なものとはなりえない。この意味で、本心論を基底に据えた日本の絶対無の哲学、あるいは響存哲学は、われわれの学問、道徳、教育を含めて生活一般の各領域に、大きな光を投ずるものであろう。

そして、日本の哲学は、三位一体の聖霊神学と結びつくことによって、日本的霊性の究極の意味が深奥から解明されることになり、カトリシズムとの出会いも一層促進されることになろうと私は確信する。

以上、私はこれまでの長い苦渋に満ちた思索の歩みを通して、ようやくにして到達した「三位一体の於てある場所」の立場から、日本の哲学とカトリシズムの相互媒介を企図してみたが、その課題のあまりの大きさ、深刻さのために幾度か方向を見失い、紆余曲折し、座礁した点のあることを認めざるを得ない。

しかしこの困惑のさ中にあって、私をはげまし導いたものは、彼方から北極星のように私を照らす三位一体の真理への望郷心と、鈴木哲学への共感であった。私は鈴木哲学が日本においてどのように評価されているか、よくは知らない。しかし私のみるところ日本の哲学の系譜は西田・田辺・鈴木哲学とつながって流れてきていると思われてならない。この論稿はそのことの実証にあてられているとともに、日本のカトリック神学の哲学的基礎を確立する上の媒体として、その論理の真実性を私なりに考究してみたつもりである。テーマをここに絞ったために、鈴木哲学の多方面にわたる哲学的貢献の多くのものを捨象せざるを得なかったことには、ある種の無念さを禁じ得ない。

加えて、カトリシズムと日本の哲学を出会わしめ、「三位一体の於てある場所」などという破格な発想を導入したことは、私自身にとって必然であるとはいえ、多くの人の疑惑をよぶことであろう。しかしこのことを敢てせざるを得ないのは、哲学や神学が根源的に発動する場合には、なんらかの意味でわれわれ日本人の魂の苦悩とその課題に応えるものでなければならないとする私の衷心からの希求による。

私は将来ともこの問題意識の線にそって思索と実践を積み重ね、粗削りに発掘したこの真理の弁証を試みたいと切に願う。

註

（1）「田辺哲学とキリスト教の辯證」――上智大学『哲学論集』第七号参照。
（2）『田辺元全集』第九巻、三九七頁以下。
（3）マタイス・井上英治編『現代とキリスト教』（新教出版社）、七六―七七頁。
（4）鈴木亨『西田幾多郎の世界』（勁草書房、一九七七年）一二九―一三〇頁。
（5）鈴木亨「実在的世界の論理構造」（『大阪経大論集』、一九七四―一九七八年）(1)―(4)、『生きる根拠を求めて』（三一書房、一九八二年刊）。
（6）鈴木亨『西田幾多郎の世界』一―二頁。
（7）同、『現代における人間と実存』（合同出版、一九六七年）二〇七頁。
（8）同、『西田哲学の世界』四五頁。
（9）同、四六頁。
（10）『西田幾多郎全集』第十一巻、四一八頁。
（11）江渡狄嶺『場の研究』（平凡社、一九五八年）三〇七頁。
西田と同時期に、彼と並行して独自に展開された百姓哲学者狄嶺の「場の哲学」は、極めて体験的ではあるが、場所的発想の原型をよく示しており、注目すべき在野の思想家といえよう。
(12)鈴木亨『西田幾多郎の世界』八五頁。
(13)秋月龍珉集『現代のエスプリ』(至文堂、一九七八年)「鈴木大拙の『即非の論理』とその展開」参照。
(14)江渡狄嶺『場の研究』二四頁。
(15)『西田幾多郎全集』第十二巻、二六五―二六六頁。
(16)森信三『「全一学」にたどりつくまで」(新教育懇話会叢書、第一二三輯)三七頁。
(17)同、三九頁。
(18)『西田幾多郎全集』第九巻、三頁。
(19)同、第十一巻、六〇頁。
(20)同、第十三巻、二七八頁。
(21)同、三六三頁。
(22)同、第十五巻、二一九頁。
(23)同、第十三巻、三六六頁。
(24)同、第四巻、三四二頁。
(25)橋本峰雄『西田幾多郎』(思想の科学、一九六九年二月号)
(26)『西田幾多郎全集』第十二巻、二二六頁。
(27)竹内良知『西田幾多郎と現代』(第三文明社)一六六頁。
(28)『田辺元全集』第三巻、一五一頁。

(29)『西田幾多郎全集』第八巻、二七四頁。
(30)同、第十五巻、二一六—二一七頁。
(31)『田辺元全集』第十一巻、五三八頁。
(32)同、五七六頁。
(33)鈴木亨『大阪経大論集』(第一〇二号)四二頁。
(34)同、四二頁。
(35)鈴木亨『西田幾多郎の世界』一二六頁。
(36)同、一二五頁。
(37)同、一二六頁。
(38)『西田幾多郎全集』第七巻、六一頁。
(39)鈴木亨『響存的世界』(三一書房)一七〇頁。
(40)同、『大阪経大論集』(第一〇二号)
(41)同、四二頁。
(42)鈴木亨『大阪経大論集』(第一〇二号)四二頁。
(43)『西田幾多郎全集』第十一巻、四一八頁。
「心霊上の事実」が、我々の自己に絶対の事実であり、それがあらゆる学問、道徳の基礎であるとする把握は、西田哲学が霊性的実存の形而上学であることをよく示している。ヨーロッパの実存主義や神秘主義よりも、生活世界の現実に足をふまえ、すべての人の心底に潜む宗教意識を前提にしたこの認識は、来たるべき宗教復活の時代に、重要な役割を演ずることになろう。
(44)鈴木亨『現代における人間と実存』(合同出版、一九六七年)二四一頁。
(45)W・ソロヴィヨフについては、拙稿「三位一体のおいてある場所――W・ソロヴィヨフのソフィア論と絶対無」(『清泉女子大学紀要』二五号、一九七七年)を参照されたい。
ソロヴィヨフは近代人の分裂性を天と地を結びつけることが出来ないでいる点に見出していた。「神人論」はこれに対するソロヴィヨフの回答である。この点については、T. G. Masaryk; The Spirit of Russia (The Macmilan Company) Vladimir Soloviev; Religion as Mysticism 参照。
(46)Der Kommend Tag 社、Stuttgart, 第三巻 Zwölf Vorlesungen über das Gottmenschentum.
(47)ソロヴィヨフのソフィア論についてはF. Muckermann S. J.: Wladimir Solowiew; Hagia Sophia; S. 175-183 並びにE. M. Lange: Wladimir Solowjew; Solowiew mistische Theologie. S. 27-36 参照。
(48)『ベルジャーエフ著作集6』小池辰雄訳、三六頁。
(49)同、五九頁。
(50)B・シュルツェ『ベルジャエフの哲学』霜山徳爾(理想社、一九四九年)八一頁。
(51)フェオドロフ『共同事業の哲学』高橋輝正訳(白水社、一九四三年)一七一頁。
(52)『西田幾多郎全集』第十一巻、四一八-四一九頁。
(53)第三回『西田幾多郎全集』(岩波書店)発刊のためのパンフレット。
(54)鈴木亨『現代思想の文明とゆくえ』(理想社、一九七二年)一六〇頁。
(55)同、『宗教と社会主義』(第三文明社、一九七八年)一一一頁。

(56)同、二〇〇頁。
(57)下村寅太郎編『西田幾多郎――同時代の記録』(岩波書店、一九七一年)一二九頁。
(58)N. A. Berdyaev: Un Nouveau Moyen Age, Plon, Paris, 1927. 宮崎信彦訳、九五頁。
(59)『ベルジャエフ著作集』第七巻、二六一頁。
(60)同、二八九頁。
(61)石黒美種編『続受肉のキリスト』(新教出版社、一九七八年)一七二頁。
(62)『西田幾多郎全集』第十一巻、三三三頁。
(63)同、四〇三頁。
(64)同、四二五頁。
(65)M. Heidegger: Einführung in die Metaphysik. S. 11.
(66)鈴木亨『現代思想の文明のゆくえ』四〇―四一頁。
(67)『大阪経大論集』(第一二一・一二二号)二四六頁。
(68)『世紀』――現代カトリシズムの動向――(中央出版社、一九五九年、七―八月号)
(69)『西田幾多郎全集』第十一巻、四二四頁。
(70)同、第十二巻、三四七頁。
(71)鈴木亨『宗教と社会主義』二〇〇頁。

七　逢坂神学と西田哲学

（1） 逢坂神学との出会い

私が逢坂元吉郎（一八八〇―一九四五）の信仰思想とはじめて出会って、多大な関心をそそられたのは、昭和三十九年の岩波の『図書』（八月号）に、石黒美種氏[1]によって紹介されていた逢坂究の「西田幾多郎の手紙」を読み、その中の一文に深く触発されて以来のことである。この書簡は西田が逢坂の質疑に答える形で書かれているが、そこには、西田哲学の体系的核心とキリスト教神学の一番深いものが相接触し、そこから真理の火花さえ感知できるような、重要なポイントが指摘されているように思えたのである。

従来私は、何の因縁によるものかわからないが、私自身の霊性的実存の深甚な内的要求に従って、終始一貫「西田哲学とキリスト教」の根本テーマを追い続けてきた。その場合西田哲学は私にとって、日本的霊性の自覚の論理を明確に基礎づけたものとして、私自身の思想的大地を意味するものであったし、一方キリスト教は、日本の敗戦を契機として、青春多感の時期に、七花八裂の自己分裂を経験しつつ、私の信仰的自覚の深まりと幾遍歴の果てに到達し得た究極の帰着点であった。この間、矛盾する多くの思想の海を漂流しながら、結局のところ私の中に確固として根を下した思想は、哲学では西田哲学、宗教としてはカトリシズムであり、この異質的な両極を、ともに不可欠な契機と自覚することによって、やがて私は果てしない矛盾と、重い課題意識を背負うことになった。

この課題を究極まで展開していく時、西田哲学を媒介とする独自なキリスト教神学の形成が志向されてくることは、不可避の運命というべきものであった。しかしその場合にも、両者の出会いの基礎をどこに置くべきか、最初は手がかりを見出すことが出来ずに煩悶した。しかし長い間暗中模索を重ね、絶望とも見えた霊性的思索の地平線上に、ようやく確かな曙光のようなものがほの見えてきた。それは私の場合、キリスト教的な啓示真理の核心を「三位一体」の論理として把握し、西田哲学でいわれる人間自覚にとって最も根源的な「絶対無の場所」の論理を、より根源的に「三位一体の於てある場所」としてまったく新しく捉え直す道であった。西田哲学が志向している実在の論理を、そのまま生かし切ってキリスト教的に再表現すれば、このようにいうほかはなく、この「場所」こそ、日本の神学の哲学的境位ではないかというのが私の着眼であった。西田が常に「そこからそこへ」だという根源的場は、キリスト教的にいえば、「三位一体の神」と、その「於てある場所」の問題なのであり、私はこのような根本的な立場の正当性を、後に、ロシア最大の宗教哲学者ウラジミエル・ソロヴィヨフの「三位一体的ソフィア論」の思想の中に見出し、それを正確に跡づけ、検証し得た。（「三位一体のおいてある場

所――W・ソロヴィヨフのソフィア論と絶対無」『清泉女子大学紀要』二五号）

当時の私が、このような根本問題の壁に直面して苦渋し、光を待ち望んでいた時、たまたま触れたのが、上記の昭和七年七月十三日付の西田の手紙であり、その内容は凡そ次のようなものであった。

「御手紙拝見いたしました。媒介として私の所謂「無」というものは、「無」という語によって人がすぐ想像する如き非人情的のものにあらず。私の無の自覚というのは、Agapeの意味を有するものにて、三位一体的の Coequality の意味も出てくると思うのです。それから客体的な存続というものが、私の考えにて、それ自身の権威を失うにあらず、却ってそれがなければ、私の自己の中に、絶対の他を見ることによって自覚するという意味がなくなるのです。この点誤解なき様願いたい……。」（『西田全集』、第十九巻、四六五頁）

この手紙は、短文ながら、以上のべてきた私の問題意識の核心に強く触れるものがあると同時に、西田哲学と逢坂神学を切り結ぶ重要な一線が指示されていると思う。この手紙が書かれた昭和七年といえば、西田はすでに『働くものから見るものへ』から『一般者の自覚的体系』を経て、『無の自覚的限定』に及ぶ大著を完成しており、「自己」の立場から哲学史上最も深い自覚の意識に徹したアウグスチヌスに深い共感を寄せ、旺盛に彼の思想を摂取した時期であった。

一方逢坂がこの際西田に対してどのような手紙を出したのか、今では知るよしもないが、のちほど確立されたその独自な神学思想の特徴から見て、アウグスチヌスの『三位一体論』から啓発されたものが多々あったことは間違いなく、「天上の聖三位一体、これがすべての権威である。これのみがこの世の哲学に勝つ、これ以外は枝葉の事柄である」とか、また「三位一体の交わりの中にわれわれが入っていくのが、キリスト教生活の眼目である」(『説教要録』)というほどの逢坂が、その明敏な洞察力によって、西田の「絶対無」の思想に対してある質疑を提起するに至ることは、十分予想される。

事実逢坂は、これに先立つ昭和六年六月の「時事論説」に、西田哲学がヘーゲル弁証法の欠陥を指摘し、歴史の危機に立つ有神の証明に寄与したことを称讃しながらも、一方ではその形而上的抽象性を批判し、「釈迦もなくキリストもなく親鸞もない西田博士のいわゆる『一般者』というようなものは、規範であって実物の指示ではない。西田博士のいわゆるいかにして神が自己を限定したり、表現したりするのかという点に至ると、ただ矛盾の主体が神であるというのでは、まことに物足りない次第である」(上・二一四頁)と痛烈に批判している箇所がある。

逢坂はよく「ぼくは西田から哲学をきき、彼に神学を教えた」(石黒美種編『逢坂元吉郎の生涯と思想』八六頁)と語ったといわれるが、一方、神学者・熊野義孝の指摘によれば逢坂の『三位一体論』への関心は、むしろ西田幾多郎からの示唆が間接に働いたのかも知れないといわれており、時期的に論証することは出来ないが、相互に密接な思想交流があり、逢坂が西田の哲学的立場に共鳴すると同時に、逆に宗教的には西田にキリスト教神学を取り次ぐ窓口の役割を果たしたことは確かである。

このように、逢坂はプロテスタントの畑から出発した思想家としては、誠に異色であり、絶えず自己の根底を極めることによって、根源的な正統の教会像を志向し、晩年にはルターやバルトの神学にも不満を感じてアウグスチヌスの思想に傾倒し、とりわけその『三位一体論』を愛読したことは、私のめざす探究の方向とまったく軌を一にするものであった。そして最後には、非西ヨーロッパ的な型を理想とし、「ドストイエフスキーこそ真のクリスチャンの型を教える」とか、「自分は日本のニューマンだ」（同・八九頁）と語ったといわれるが、これは、西田の最後の著作『場所的論理と宗教的世界観』の最終章において論じられたドストエフスキーに託しての新しいキリスト教に対する提言と、正確に相呼応するものがある。そして私は、ロシアのニューマンといわれた(2)ウラジミエル・ソロヴィヨフを媒介にして、日本の神学のあるべき姿を模索しつつある者として、ことさら深い出会いの意識を持たざるを得ない。

その後、この逢坂宛の手紙を集めて編集された石黒美種の営々たる労苦によって、『逢坂元吉郎著作集』三巻が新教出版社から出され、続いて『受肉のキリスト――逢坂元吉郎の人と神学』が出版された。これによって、今まで地下水的存在であった彼の全業績が、多様な角度から脚光をあび、再検討出来るようになったことは、私にとってこの上ない感謝である。私はこの著作集を幾度となく精読することによって、改めて逢坂神学の重要性を再認識しただけでなく、今まで私がしきりに探し求めてきた「受肉のキリスト」と、真の「教会像」についての最も重要な問題提起に逢着し、そこに西田哲学をキリスト教的に展開し、それを乗り超えていく決定的萌芽とその鍵を見出すことが出来た。そしてこれこそ西田が手紙の中で訴えている「私の自己の中に絶対の他を見ることによって自覚する」ところの「客体的な存続」にかかわる問題ではないであろうか。このように考える限り、西田哲学を徹底してキリスト教に到る道は、真の意味での聖霊神学(3)の確立をおいて外にはない。これに関して最も豊かな示唆を与えるものこそ逢坂神学にほかならない。

　このような卓越した逢坂神学の遺産は、一部の識者を除いては、未だに十分の脚光を浴びていないが、時到れば、必ず高く評価される稀有のキリスト教思想家であると思う。私はその理由を西田幾多郎との関連で出来るだけ明らかにしてみたい。この点に関する資料が比較的乏しいことは、研究を進める上に非常に困難を感ずる点であるが、しかし思想的脈絡を辿ってこれを補うことは不可能ではなく、日本の神学探究の手はじめとして、その重要な課題を掘りおこして自らの礎石としたいと念願する。

(2) 逢坂神学の形成と西田幾多郎

逢坂元吉郎は、石黒美種の略年譜ならびに小伝によれば、明治十三年石川県に生まれ、西田より十年ほど後の出生であるが、二人の出会いは意外に早く、逢坂が十五歳で尋常中学七尾分校に入学した折、この分校主任として赴任してきた西田と出会った。当時西田は帝大選科を卒業したばかりで、ここで倫理、英語、歴史を教えていたという。さらにこれに続いて四高時代には、西田が塾長格だった三々塾で、再び一緒になり、そこでも西田から強い感化を受けたといわれる。またここでは二人とも雪門禅師に師事して参禅し、西田は寸心、逢坂は聴雪という居士号で、相ともにはげんだ禅仲間でもあった。

その後明治三十六年、彼は東大政治学科に進むが、その頃の宗教的関心は禅から離れて次第にキリスト教に傾斜し、ついに「自分を把えている者の我が上にあることを認め」(『逢坂元吉郎全集』下巻・五〇一頁——以下上・中・下は『逢坂元吉郎全集』の巻数を示す)、友人を介して植村正久から受洗するに至った。その頃の逢坂のキリスト教に対する直情的な傾倒ぶりは、帰省して金沢に恩師西田を訪ねた折の、西田の日記や手紙の中に散見していて、甚だ興味深いものがある。

「明治三十八年七月十五日（土）　午前逢坂来り信仰経歴談をなす、非常に面白し。基督教もここに至れば尚き宗教なり。」（『全集』第十七巻、一四八頁）

また明治四十年五月十九日付の堀維孝宛の手紙には、

「……逢坂君は熱心なる基督信者となり候。同君は小生及三竹君にも時々基督教をすすめ居り候。基督教も之に入りて味わば定めてすぐれたる点あるならんと考え候えども、とにかく渠が自分の信仰に対する自信の厚きと之を人にすすめんとする熱誠とは尚ぶべきものと存じ候」（『全集』第十八巻、八一頁）などとその共感を伝えている。

しかし一方西田は、教師らしい老婆心から、堀宛の十一月の手紙で、「逢坂は先達て別紙の如き手紙を送り来り候。かれ一種深き宗教的感情を有し、その熱心は実に感ずべく候が、どうも深く自己の現実を反省し、克己力行という風に乏しき様に感ぜられ、この点は遺憾に思い居り候。返事に神に供物をなさんとして兄弟と不和なる事を思い起さば、去りて先ず之と和し来りて然る後之をささげよとの語を忘れ玉うなと申送り候」（同・一一二頁）などと、客気にはやる青年逢坂をたしなめている文面もみられる。

このような直情的な熱誠の赴くところ、逢坂はついに東大を中退し、神学の本格的研究を志してアメリカのオーバン神学大学、スコットランドのニュー・カレッジ大学院などに学び、帰国後は高輪教会、大崎教会の牧師として活躍した。その間、特に民衆教会の樹立を志向して「メシア会」を組織したことも注目に値する。

その後彼は昭和四年に、読売新聞の宗教欄の主筆を兼ねて、活発な言論活動を展開することになったが、その折、当時京大を定年で退き鎌倉に居を構えて京都との間を往復していた西田との旧交も復活し、思想上の交わりも一層活発になった。昭和七年には読売新聞社主催の「西田博士に聴く座談会」が、多くの識者を動員して企画され、西田哲学の普及に大きく貢献したが、これも逢坂の活躍と無縁ではないであろう。当時の西田哲学は、「自愛と他愛及び弁証法」とか「私と汝」の論文が示すように、著しく弁証法神学の思想と接近してきており、キリスト教関係の神学者との交流も最も活発に行なわれた時期であった。最初にあげた逢坂宛の手紙の一節もこの当時のものである。

このように見てくるとき、彼の極めて宗教的なしかも強烈な個性をもった信仰思想の下地には、普通の牧師にはみられない禅的・哲学的・実践的素養が暗々裡に培われ、西田と絶えず気脈を通じていたであろうことは想像にかたくない。これは先に掲げた絶対無と三位一体に関する手紙のやりとりの中にも十分に窺われるところである。

しかし、逢坂の人と思想に最も精通した石黒の指摘によれば、これといえども、逢坂神学形成の前史を意味するのみであって、その基調はむしろ彼が「メシア会」を提唱して以来の行き方の延長線上に過ぎないものであったという(下・五一九頁)。それゆえむしろその本格的展開は、昭和九年・五十四歳の時、読売新聞紙上で神宮奉斎会を類似宗教と批判して殴打され、余病を併発して生死の間をさ迷う大患を得、度重なる手術で言語に絶する苦痛を味わい、奇跡的に立ち直って以後のことに属するとみてよいであろう。彼はこの深刻な経験を神からの峻烈な審判の鞭と霊性的に受けとめ、これを機縁として従来の文化的・観念的な信仰態度を一変するような捨身のコペルニクス的回心をとげた。これ以後彼が熱烈に探し求めたものは「真の救いとは何か」、「真の教会とは何か」というキリスト教の根本問題に向っての全身全霊をあげての本格的追求であった。彼はこれを転機に、五十七歳で読売新聞を退社して教会活動に専念し、昭和二十年六十五歳で帰天するまで、すさまじい情熱をもってキリスト教の正統的核心をめざして探索し、その清冽な根源へと帰向していった。彼は四高時代剣道部の名手であって、その試合ぶりは小手先の器用を弄しない堂々たるもので、面！　面！　面！　とたたみかかっていく気風があったといわれるが、大患後のこの霊性的探究こそ、日本人としてはじめての、正面きっての教会論的な本格的キリスト教神学樹立への原動力となったものである。

彼が憑かれたもののごとく読書に、祈禱に、修道に没頭しはじめたのは、昭和十一年秋からと考えられるが、その頃西田は鎌倉から次のような温情のこもった手紙を出している。

「御手紙拝見いたしました。一時いかがかと存じていましたが不思議にも御恢復になって誠に喜ばしく存じます。まだこちらに御出になるなど無理でしょう。来春お待ちいたします。御病気中に世の中にもいろいろの事が御座いました。君の意味はどういうのか知らぬが、私も論理の弁証法と生命の弁証法とは違うとおもう。そして真の弁証法は生命の弁証法であって、論理の弁証法はそれに基くものとおもう。御大切に。」（『全集』第十九巻、四七〇頁）

彼は病後、このような経過をたどって、しばらくキェルケゴールなどを読んでいたようであるが、次第にこれに不満を覚え、やがてアウグスチヌスの著作と取り組むに至ったが、ここにおいてはじめて大患以来苦悶しつつ祈りを求めてきた「真の救いの問題」が、信仰体験の上でも神学的展開の上でも十全な姿で表現せられていることを知って驚喜し、就中アウグスチヌスの『三位一体論』を読んだ時は、「感激で頁をめくるのに手がふるえた。ギリシヤ教父の中に尽きない鉱脈を掘りあてた」（石黒編『逢坂元吉郎の生涯と思想』七三頁）といったという。

逢坂は晩年、アウグスチヌスから伝統の生命をさらに遡って古カトリック教会の諸教父たちの信仰の源泉を極め、キリスト教会の最も正しい伝統は、紀元四世紀頃までの、迫害をくぐって発展してきた過程の中に形成されたとの確信を得た。したがって現在の諸教会は、東西教会分裂以前の古カトリック教会を鏡として、そこに帰還すべきことを説くようになった。

このように彼が数年の間教父全集の勉強に沈潜して得た結論は、「正統派の教父らはいつも客観の三位一体の神を基本とし、その身体である教会の樹立とその発展とが彼らの主題となっている」(下・三八四頁)という事実であり、四世紀頃までの初代教会において「受肉のキリスト」の肢体経験は、最も生き生きと伝えられていたという認識であった。逢坂はこうしてつきとめられた事実認識に基づき、日本人の魂の行方を思いやる深い使命感と預言者的洞察力をもって、従来考え続けてきた信仰思想を、後程一気に大著『聖餐論』の中に表現し、結晶せしめている。聖餐とは一般に日本ではなじみのない言葉であるが、キリストの受肉の真理を心底から理解し、これを表現する唯一の道として、遂にここに到達したことは、ある意味で逢坂の宗教的直覚の天才性を証明してあまりあるものであると私は考える。実際明治以降のプロテスタント史の中で、聖餐の秘跡についてここまで根本的に踏みこんで書かれたものとしては唯一無二のものであり、カトリックたるとプロテスタントたるを問わず、将来評価さるべき真に卓越した業績というべきである。

しかしこの根本思想の叙述は次章にゆずって、私が特にここで触れたいのは、敗戦も間際の昭和二十年五月、多くの果たすべき課題を後に残しながら死を目前にした逢坂が、たまたま彼の病床を見舞ったカトリックの哲学者、松本正夫氏に託して西田に伝えたという遺言の内容についてである。私はこれを読んで、両者の関係が生涯を通じていかなるものであったかが集約されているように思えて感慨を禁じ得なかった。

「一、自分は今までの一生、特に受洗以来の何十年、キリストによる恩寵を心から感謝し、これによって生きて来たが、今生涯の最後にこの心からの告白を西田先生にぜひ聞いていただきたいこと、二、今度の戦争について西田先生は初めから日本は完敗に終わると言われており、自分は少しそれは極端と考えていたが、今になってこの戦況をみて西田先生の達見に遙かに敬意を表したいこと。」（下村寅太郎編『西田幾多郎——同時代の記録』二二八頁）

西田は五月十八日、松本教授からこの伝言を聞き、やがて八月には西田もにわかに病を得て倒れ、この類い稀な人間的・思想的交流を重ねた師弟は、敗戦の難局を目前にして、相前後して没した。逢坂の生涯をかけたキリスト教の証言と、西田哲学との出会いは、平行線をたどってついに交わることはなかったけれども、後に考察するように、両者の思想的基盤には、否定出来ない共通性もみられるのであって、この点の解明は将来の日本の神学の確立と発展のために無視出来ない重要性を持つものと思われる。

(3) 逢坂神学の根本問題

(イ) 逢坂神学と場所的論理

私が今までしばしば用いてきた逢坂神学という呼称は、現在必ずしも一般化しているとはいえないが、元来は逢坂神学の実質的発掘者ともいうべき石黒美種によってはじめて名づけられたものである。またその精神史的位置づけを最初に遂行した業績は、プロテスタントの優れた神学者である熊野義孝の『日本キリスト教神学思想史』(新教出版社、一九六八年)における「逢坂元吉郎の『修道的教会論』」であると思われるが、この著作の中で逢坂の信仰思想は、海老名弾正、植村正久、内村鑑三などとともに、極めて重要な位置づけを得ている。この中で一般に最も名を知られているのは内村鑑三であるが、彼は欧米においてすでに多岐に分裂しながら日本に流入してきたプロテスタンティズムを、その根源に向かって浄化し、それを福音の処女地である日本のバックボーンたらしめるために、無教会主義に徹底していったが、逢坂は逆に、むしろ宗教改革者に源を発する義認信仰の立場を乗りこえて、プロテスタントとカトリックの共通の基盤となっているアウグスチヌスを介して、古カトリックへと溯源し、そこから出直すべきことを提唱した。この点で内村とは全く異なった新しい局面を打開することになった。その意味で逢坂のわが国の神学史における著しい貢献が、彼によって「本格的な教会論が追求された」（同・一六二頁）ことだとする熊野の評価は、核心をついていると思う。

しかし私の関心からいって是非ここで知りたく思うのは、いったいなぜ彼のみが特例として教会の奥義といわれる「受肉のキリストの」肢体経験をあれほど深く把握するに至ったかということである。もとよりその理由は色々挙げられるであろうが、彼の思想の独自性を築いた最も重要なポイントとしては、「受肉者キリスト」の身体的把握に関連する「場所的論理的思考」が基底となって働いていたことも有力な一因ではないかと考える。このことは彼の全著作の各所に指摘出来るが、ここでは特に西田哲学と関連する側面から光をあててみたい。

逢坂の信仰思想の精髄は、大患による内的経験の深化と、その神学的裏付けとなったギリシヤ教父研究によって得られた「受肉と復活のキリスト」の経験にあった。したがって彼の神学は単なる理論上の研究ではなく、最も透徹した意味での直接経験の神学であり、「自己」が、「自己において」「主を知る」という霊性的な自覚体験に即した肉体的自己を含めての全一的宗教真理を志向するものであった。この特徴を比較的によく伝えているのは、逢坂が昭和十四年石黒宛に送った次の書簡である。

「さてプロテスタント、カトリックに偏せず、我らは直接に自己の運命の救いを得べきです。直接主との交わりは如何と顧みるべきと思います。殊に我らは皆審判を受けたる経験あるものである。先ず自己に於て主は如何、主は自己に如何に近づかんとせらるるやが問題で、道草を食っている暇はありません。もし自己に於て主を知れば自ら他を自己の如く愛せざるを得ざるようになるでしょう。即ち主に於てです。而してこの自己は畢竟主にある三位一体的人格に至るということである。……しかし三位一体的人格とは身体的なもので、内なる者即ち外なるものであり、外なる者即ち主を仰いで知る人の形をとり給う受肉のキリストである。」(『受肉のキリスト』二四八頁)

この文章は逢坂神学の主要な特色をよく示しており、一般に客体的・超越的事実とされる教会、信条、サクラメントの一切を、彼自身の主体を透過して、内・外相即的に霊肉一如として真に体得することに主眼を置いている。彼はこの内外相即的な場所的論理的思考によって西欧近代の主観・客観の神学的思惟の図式をのりこえて、真の客観の三一神的創造にあずかる生きた信仰に到達し、受肉のキリストの肢体経験につながる古カトリック教会の清冽な原点に回帰していった。彼のいうこの肢体経験こそ、ソロヴィヨフがその著名な『神人論』で展開したように、天と地を結ぶキリスト者にとって最も重要な最究極的体験というべきである。

この自己が「自己において」主を知る、という逢坂の基本的姿勢には、西田哲学における純粋経験と実在との関係に対応する共通のものが伏在していることは容易に看取されるところであるが、彼の鋭敏な神学的洞察は、これを十分に把握しつつ、福音的にはむしろ抜きん出たものがあるというべきである。それは次のような西田哲学への感想によく表現されている。

「今日、西田の『善の研究』を読了、一つの示唆を得ました。しかしやはり哲学者の宗教観で、第一にキリストなる啓示の媒介のない神秘主義でありました。しかし直接経験は個人を超えたる一般実在との関係であるというハメを外した示唆はよいと思います。また自己に徹し、自己における一般を経験するという対禱の道を教えています。この点が皆に分らないのが残念です。聖書を対象化したり、信仰を対象化している牧師が多いので困りものです。」（『受肉のキリスト』二六〇頁）

また「映像するキリストはわれらの像においてでありますが、また世界の主である。この関係は西田哲学が理論づけているけれども、宗教になっていないのです。キリストなき神はラショナリズムになり、生活しないものです」（『受肉のキリスト』二六三頁）ともいっている。

ここで逢坂が西田に深く共鳴している点は、西田哲学が自己に徹しつつ、しかもその自己を絶対者の自己射映点とみる対禱の道を論理づけていることにあり、不満は具体的な神・人格としてのイエス・キリストの不在という点である。

西田は後にこの絶対者と自己との究極的な関係の論理を「絶対矛盾的自己同一」として見事に定式化するに至ったが、この規定とキリスト教とはどう関わるのか、この主題こそ私の最も重要な関心事であるが、逢坂はこの点についてはそれほど深く追求していない。ただそれにもかかわらず、体験的理解としては、逢坂神学の哲学的基礎は西田哲学だといってもよいほどの共感を示しているのは次の文である。

「……西田さんの最近の哲学が明白にされました。最近『思想』誌上三月に亙り大部の病中の論文を出しました。それによると形相（ゲシュタルト）の必須と身体が認識の要因であるという場所的（トポロギー）歴史観であります。従来のドイツ認識論に一撃を与えたものです。老後終期に入りて急いで過去の一般の誤解を一掃したものです。私の直観（イントウション）の考は動かないこと、その援兵が与えられたようで、昨日感謝の手紙を出しました。しかしやはりキリスト教に成りきれず、教会というものが思想に加わっていません。キリストの身体なる国というものがありません。従来の日本のキリスト教は根底から解消されるでしょう。……」（『受肉の

キリスト』二六三頁）

この文章で「私の直観の考は動かないこと、その援兵が与えられたようで、昨日感謝の手紙を出しました」というのは、私の今までの論旨を証明する重要な手がかりである。逢坂の押せども引けども動かざる底の不動の確信は、受肉のキリストの肢体経験であったが、これを基礎づける哲学的論理を西田哲学の場所的論理に見出し、これを援兵の如くに感じとって直観の裏付けとしていることは間違いない。

この確信の上に立った逢坂が、それから一カ月後、同じく石黒に送った手紙の中で、「西田さんのトポロギー哲学（場所的）は、形相論でありますが、漸く哲学が之を明にするようになり、プロテスタントの霊的一方論が揺らぎ……」やがて「根底から神学は樹立される域にある」（『受肉のキリスト』二六四頁）と指摘し、西田は時局について絶対悲観論者であり、多少見込みはあるとしても焦土となることを期せねばならず、やがてこの焦土から生え出るものとしての真のキリスト教の姿に思いを馳せている。

私はこの難局のさ中に、「根底から神学は樹立される域にある」と確信した逢坂の心境には、自らが血涙をしぼって把握した正統キリスト教の核心と西田哲学の独創的哲学体系が二重映しになって相即していたのではないかと思われてならない。私は将来もし有為なキリスト者によって日本の神学の礎石が置かれる日が来るとするならば、逢坂神学が志向したものと西田のトポロギー哲学との結合の上に成り立つのではないかと、ひそかに予測して止まない。

(ロ)　受肉のキリストと聖餐論

このようにして逢坂は、体験的には常に西田哲学と相接した立場とつながりを持ちながら、しかも西田が十分に踏みこんではいない「受肉のキリスト」の生きた宗教真理に、能う限り深く実存的につき進んでいく。そして最初掲げた手紙にあったように「私の中に絶対の他を見ることによって自覚する」という絶対者と自己の関係の論理は西田と同一であるにかかわらず、逢坂の意味する「絶対の他」は、教会の基本信条ともいうべき「客観の三位一体の神」を指しているために、西田とは全く異なった世界地平が展開してくる。

逢坂は西田と等しく常に最根源の場所に立ち返ってそこから考えようとするタイプの思想家であるが、彼のいわゆる「そこからそこへ」というべき地点は、万物の創造主が、その顕現において父・子・聖霊の三様のペルソナとして発現する聖三位一体の神であり、これがすべての権威である。絶対的な多様性即絶対的統一性という三位一体の原理は、西田のいう一即多の「絶対矛盾的自己同一」の原理と極めて接近する一面を持つものであるが、西田哲学はあくまでも「三位一体の於てある場所」の探究に終始するものであって、逢坂はここからさらに進んで、聖霊の導きによって天上の三位一体の体験に跳躍し、そこに出口を求めようとする。

逢坂によれば、古来教会の正しい伝統は三位一体の神の礼拝にこそあり、「正統派の教父らはいつも客観の三位一体の神を基本とし、その身体である教会の樹立と発展とが主題となっているのである」（下・三八四頁）。しかもこの三位一体の真理は、「受肉の神」において発見されたものとして、すでに聖書の中に現われ、教会の三つの基本信条（使徒・ニカイア・アタナシオス）の骨格を形成しており、その三位一体の生命をわれわれの中に移し、これを体験していくことがすなわちキリスト教生活の眼目なのだと彼は強調する。救いはただ霊のみではなく、同時に身体の新生を意味する。したがって受肉のキリストの肢体に結合せしめられてこそ、われわれの内も外も霊も体もともに全人的に救われる。この奥義に参与する道は、昔から伝わった聖餐以外にはない。これはもとより「いかなる教会といえどもこれを奉ぜざるを得ないし、また奉じている」（下・二二三頁）のであるが、しかし日本の神学者の中で彼ほど自覚的に信仰の究極に身体を欲し、三位一体の受肉者の基体の上に立つキリスト教の本質を正確に把握し、これを実践に移していった人はいないと思う。ここに、彼のかつての禅体験が、キリスト教と結びついて一層深化し躍動しているといったら過言であろうか。

逢坂神学の全体系は、この「受肉の道」（上・三二四頁）に透徹することによって、明治以後のプロテスタント信仰の中心的拠り所とされてきた義認信仰の反動性を指摘し、受肉のキリストを「徴」として伝達する伝統教会の聖餐の秘跡のもつ重要な意義を再評価し、日本におけるキリスト教の体質の根本的な再検討を要求する。

逢坂によれば、日本における過去のキリスト教は、プロテスタントにせよ、カトリックにせよ、みな欧米のものの翻訳とその輸入であり極めて不徹底なものであった。そしてそれらが日本に殺到し、十分吟味され消化されるいとまもなく、自己が最初に接触した教理や神学を無批判に受容し、無数に枝葉のみが繁って根本が忘却されたのである。そこにみられる共通の現象は透徹した神学の不在ということである。内村鑑三にして然り、また植村正久との論争で有名な海老名弾正もまた然りである。この時、正統論の立場をとった植村といえども、その思想の根拠はカルヴィニズムであって、これをニカイア信条当時の論争と対照するとき、受肉のキリスト論は、後代カルヴィニズムの根拠をもってしては到底一致しがたいギャップを持つことを知るのである。

かくて彼の思想の集大成ともみられる「聖餐論」においては、忌憚のないカトリック批判もみられるが、主にルター、カルヴィン等宗教改革者らの人間観・宗教観の鋭い批判を通して自説が主張されている。批判の要点は主にルターの霊肉二元の独自な人間観から来る「信仰と行為との関係」と「信仰義認論」についてである。もとより彼は永年プロテスタント教会に養われてきた者として、神の義はただ信仰において受くる外なきものという信仰義認の犯すべからざる真理を認める。しかし逢坂によれば、信仰による義認は、救いの基礎であり発端ではあるが、それに引き続く聖化と有機的に結合しなければ決して生命力をもつことは出来ない。信仰とは、何よりもわれわれの中に行なわれる三位一体的な神の創造の業であり、そのような創造の業を見失って「信仰による義」を行為から分離し、信仰のみを強調することは主観主義である。

一方カルヴィンは、ルターよりも客観主義の立場に立ち、信仰と行為の両面をみたが、しかし彼は「霊的」ということを強調して「受肉」を忘れた。一般にカルヴィンの信仰論には、聖霊の強調や予定論はあっても、未だそれが実在する「場所」がどこにあるのか常に明瞭でない。もとより聖霊は人の意志ではない。しかしその働き——つまり聖霊と人の意志は「二にして一」(中・一七六頁)であり、聖霊におけるキリストは、同時にわれらの内に見るものでなければならない。何故なら「キリストの聖霊は、ただに霊ではなく、その受肉によって、物と接触したもうた霊である」(下・三三二頁)からである。

一般にプロテスタントの重要な特徴は「信仰の重視と霊の強調」（下・九一頁）ということにあるが、このような立場では伝統教会における聖餐は、単なるキリストを霊的に記念する行事程度にしか理解出来ず、ついにはその真意を見失うことになったとしている。これに反しアウグスチヌスの立場は、行為の中に信仰を、また聖礼典の中に信仰を伝えるものであって、真の内面性と教会の客観的エトスの両面が見事に調和して健全なものであることを指摘している。

このプロテスタントの根本批判がはたして全面的に妥当するものかどうか、疑問の余地はあろうが、現代の霊性が切実に探求している「聖霊の実在の場所」（中・二〇一頁）の所在をかくも的確に指示する鋭い直覚力と神学的鋭敏には、心からの同感と深い畏敬の念を禁じ得ない。

確かにわれわれは神は無限の存在であることを知っているが、しかしともすれば、同時にこの無限性は有限によって知られることを忘れる。換言すれば有限をもって無限を知らしめる「場所」としての接触点こそ問題であろう。こう考える限り逢坂神学の根底には、自覚的にか、無自覚的にか西田哲学の場所的な相即論理と深く相呼応するものがある。このことは彼の神学的人間観を考察する時、一層鮮明にあらわれてくるように思う。

（八）　神学的人間学と相即的身心論

逢坂神学の人間観は、紀元四世紀のアタナシウスに代表される正統主義の基本的要素である「三位一体の神」・「受肉のキリスト」・「人間性の神化」の理念と、さらにアウグスチヌスの『三位一体論』を土台とし、自らの深刻な体験と実践を織りこんで創造的に展開された一種の神学的人間学とみることができる。彼はこの独自な人間観を次のように要約している。すなわち「第一に人は他のすべての被造物に比して、特殊な三位一体の構成における像を具有する者である。次にこれを中核として身体の形成がある。すなわち、この形態において生けるものとして造られているのが人である。第三にこの形態はそれ自身生くるのではなく、かえって活かす霊によって生ける存在であることとである」（中・三九二頁）。

このように人間は神の肖像であり、そのイマゴ（imago）がわれらの根源の姿である。それゆえ人は生ける神の肖像として神と共在のものであり、「神との共在」がその「ありのままの像」であるというべきである。「肖」とは、たとえ現状は堕落していても、全き崩壊者ではなく、上からの光によって「射映」されており、この鏡は一方でキリストを、一方で自己の原像を映す働きを有する。かくして「キリストを信じて自己を省みる」ことと「自己を見た後にキリストを拝する」こととは、全く「同時に」矛盾的自己同一的に成立することなのである。

この点の説明としては次の文章が最も興味深い。

「信者は不思議な鏡を持つ者である。この鏡にはキリストも映れば、自己の姿も映る。……この鏡には、こちらからわれわれの顔が、向いからキリストの御顔が映る。そこでわれらの顔にキリストの御顔がうつり、キリストの御顔にわれらの顔が映る。われらの醜い相にキリストの栄光が映って来ること、これが恩寵であって、日々この鏡に自己の姿を映し、主と同じ像に化されてゆく自己を楽しむことが信仰生活である。信者とは、キリストと同じ像になるように約束されたものであって、日々に顔と顔とを合わせ、御霊を通して交わり、鏡にうつる主の像を己れのうちにたぐりこんでゆく者である。そして己れのうちに主の像を映し奉り、主の実体をおぼえるもの、それが信者である。その結果われわれもまたキリストを他に紹介するところの鏡となりうる。それが信者の一生の歩みでなければならぬ。」（上・三五九頁）

このような逢坂の根本思想は、アウグスチヌスにおける『三位一体論』の第十五巻第八章にみられる射映論（per speculum videntes）と深いつながりをもち、西田哲学の「私の自己の中に絶対の他を見ることによって自覚する」自覚の論理と同一の構造をもっている。このことは将来もっともっと注目されてよい重要な問題点をはらむのではないかと私は考える。この点、熊野義孝も、「西田博士とキリスト教」と題する小文において、「私どもの眼をもって今後キリスト教神学（特に日本の）が西田哲学から学ぶべき、是非とも熟慮すべき個所は、先生の『自覚の理解』であると思う」（下村寅太郎編『西田幾多郎』二〇七頁）とのべているが、この着眼はさすがである。

逢坂は極めて直観的ではあるが、キリスト教の奥義ともいうべき三位一体的自覚の場所を、いささかの狂いもなく把持しているように思われる。すなわちこのような自覚の事実においては、この「見るもの」と「見られるもの」と、まだこれと相互に相対せしめる「意志の働き」も、ともに実在であって、「ビーイングとしては各々の三であるけれども、一なる三である」。しかるに「この実在としての自己は、ただ自己の働きとして自己を知るのではない。……かえって未だ知らない者によって自己を知らしめられる他動の働きによって自己を知るのである」（中・二五三頁）とされる。したがってこのような自己は、いわゆる観念的な自我の己れではなくして、愛の働きとしての自己、向上の三位一体の働きとしての自己というべきであろう。

この関係において上・下を結び、真の原像へと化さしめるものは、聖霊の働きであるが、そのことは人間にとって単に「信仰のみ」といった受動的形成につきるものではないであろう。「なんじ心を尽し、精神を尽し、力を尽し、思いを尽して主たる汝の神を愛すべし」（ルカ一〇・二七）といわれるように、全人格的応答として実現されるものでなければならない。この原義の像を具体化する道は、まず何よりも「受肉のキリスト」の「身体」にあずかることであり、その身体の延長としての「聖餐」に参与することによって喚起されるものなのである。キリストは決して単なる霊の人ではなく、聖霊が肉を取ったのである。そのようにして人となり給いし神こそわれらの救いである。かくしてわれらの滅びゆく体も、キリストの体に参与してはじめて聖化され、栄光化される。キリストの救いとは、われわれに聖霊を送るのみでなく、われわれをして聖霊の宮となすことにある。霊のみならず身体の救いを説く宗教は、キリスト教においてはじめて現われ、そして完全に成就したのである。

逢坂神学の中核にある「体験のキリスト」は、このような身体的キリストであり、逢坂自身の肉体の感覚を通して検証され、身底から湧出する霊的喜悦に至るべきものであった。それは己れの肉体的感覚を離れず、しかもそれを超えるものであり、逢坂はその相即の境地を示すのに「内観の肉体」（中・二二五頁）という言葉さえ工夫している。

以上のような思想をもって最も面目躍如たるものは「キリスト降誕節修道覚書」（中・八五頁）であるが、西田はこれを読んでさすがに感動し「お送り下さいましたパンフレット一読厳粛の気に打たれました」（『全集』第十九巻、四七〇頁）と強い共感を示した手紙を書き送っている。

（4）日本の神学と三位一体の場所

以上、私は逢坂神学の独自性の一端を、出来るだけ西田哲学と関連させながら考察を加えてきた。これは全く私個人の着眼と関心から出たことではあるが、単にそれだけにはとどまらない重大な精神史的意義を担うものではないかというのが私の率直な感想である。

それは逢坂自身、西田哲学を高く評価し、その独創的な「場所論」が、プロテスタントの霊的一方論をゆるがせ、ドイツ観念論に一撃を与えるユニークなものをもっており、今や「根底から神学は樹立される域にある」という鋭い洞察を持ったことに最もよく示されている。これはある一人の思想家の思いつきとか、感想などといった生易しいものではない。むしろ私は逢坂の生涯をかけた歴史哲学的証言であると受け取りたいと思う。

彼自身、その見出した可能性を限りなく追求することによって、今までキリスト教会から長らく見失われていた信仰遺産の巨大な鉱脈をさぐりあて、根底から樹立さるべき日本の神学の原型を指示しつつ、走るべき道程を走り尽し、その課題を心ある後進に託したのである。しかもここにはプロテスタントとカトリックにまたがる多くの根本問題が正しく提起され、しかも体験的にではあるが、日本の神学の哲学的境位を示す「三位一体の於てある場所」の問題が、見事に把握されている。

もとより西田は哲学者として、逢坂は神学者として、相互に何の顧慮するところなく、己れの使命に独往邁進していったのであるが、そこに、誰の目からみても根底を等しくするものがあることは否定出来ない。その共通なものを的確に表現することは出来ないが、敢ていえば、一種の禅的・場所的思考法ではないかと思われる。私にとっての逢坂神学の意義は、西田に即しつつ西田を超え、やがてこれと全く異質媒介たるキリスト教の根源に徹してそれになり切り、教会という独自な観念をその思想に加え、キリストの身体なる国と接合させている点であり、日本の思想界において類い稀な先駆的意味をもつものであると私は考える。これらの業績がニューマンその他のヨーロッパの偉大な先達から刺戟を得て展開されたものであるにしても、日本の状況におけるこの発想の困難さは、彼らの比ではない。

しかも逢坂のキリスト教理解の根底には、従来の対象論理を超えて、主観と客観、自然と超自然、身体と心、内在と超越に分かれる以前の活動の中に真の自己を見出そうとする「経験の身体」、あるいは「霊体」―「体禱」といったような、西田の「純粋経験」にも似た思考様式があり、これが日本的霊性的思惟の独自性とキリスト教を結ぶ重要な役割を示しているように思われる。逢坂はこれを解決するのに、安易な近代的な折衷の道を選ばずに、古カトリックに帰還することによって、キリスト教の核心が、まさしく三位一体の神への信仰そのものにあると考え、これを万事に超えて不動の基盤にすえたことは正しかった。キリストにおける三位一体のみがこの世の哲学に勝つ。この着眼がまさしく彼の神学の偉大さを形成したのである。そして日本的霊性的思惟を代表する西田哲学をキリスト教的につき抜ける道は、この方向にしかない。これを一番最初に理解し、体験的につかんだのは、逢坂の比類のない鋭さであり、功績であると思う。

　これに対し、西田はあくまで仏教的思惟の基盤に立つ者として、キリストへの立ち入った体験は欠落しているが、禅的な深い霊性経験の所持者として、キリスト教的解釈の可能性を否定することなく、晩年の『場所的論理と宗教的世界観』においては、宗教そのものの基礎づけを求めて、むしろ逢坂神学の思想に著しく接近する表現さえ時折見られる。例えば次のような文章はどうであろうか。

「……永遠の生命の世界は、キリスト教的表現を以てすれば、その根底において、父、子、聖霊の絶対矛盾的自己同一的に、三位一体の世界である。是故に歴史的世界に於ては、すべて有るものは、永遠の器官ということができる。」（『全集』第十一巻、三三三頁）

　この文章を繰り返し読んでみると、私が先に掲げた昭和七年七月十三日付の手紙の内容とも正確に呼応するものがあり、逢坂神学と西田哲学を研究する者にとって見過ごすことの出来ない重要な意味をもつものであることが改めて了解されてくる。と同時に、両者の思想はここで驚くほど深く出会っていることに想い到る。すなわち、逢坂はキリスト教的に超越的内在的な方向で、また西田は逆に仏教的に、内在的超越的方向で、共に「そこからそこへ」という場所が実に正確に指示されている。

西田が「私の無の自覚というのはAgapeの意味を有するものにて三位一体的のCo-equalityの意味も出てくると思うのです」という把握は、西田の立場からは全く正しいのであって、ここでいわれる彼の「絶対矛盾的自己同一的に三位一体の世界である」というのは、逢坂のいう天上の三位一体ではなくて、あくまで歴史的世界に「射映」された、永遠的生命の霊性的・実存的自覚を指している。西田がひたすら追求しているのは、外ならぬこのわれわれの人格的自己が、すべてに先立ってこの「世界」の三位一体的関係に基礎づけられていることの哲学的証明にほかならない。この点に関して西田はさらに次のような重要な証言を残している。

「絶対矛盾的自己同一として絶対現在的世界は、何処までも自己の中に自己を映す、自己の中に自己焦点を有つ。かかる動的焦点を中軸として、何処までも自己自身を形成して行く。此に父なる神と子と聖霊との三位一体的関係を見ることが出来る。」（『全集』第十一巻、四〇三頁）

これらの文章を見れば、西田哲学の真意は、キリスト教と見まごうほどに接近して来ていることがわかる。それ故、『神の痛みの神学』で著名な北森嘉蔵のように、あるがままの平常底に安住し、一切を自己の体系中に取り込もうとする西田哲学の姿勢に著しく警戒を深め、これを手きびしく批評するという立場が出てくるのは当然のことである。(4)しかし、私の考えでは従来の超越的・外在的批評主義からは、期待できる何ものも生産されなかったのであって、むしろ西田はこの場合絶対矛盾的自己同一の論理を、ありのままの実在に即して究極まで開くことによって、啓示真理である聖三位一体と相接しようとしているのだと受け取りたい。その意味でも私は、西田哲学と逢坂神学を結ぶ一線にユニークな日本の神学が誕生することを期待して止まない。この意味で西田哲学は、あくまで「受肉のキリスト」なき「自覚の立場」を無限に掘り下げながら、三位一体の於てある「場所」を、哲学そのものとしてありのままに公正に探究しようとしているのであって、その場所の論理を「絶対矛盾的自己同一」と把握したことは、霊性の論理を哲学的自覚の基底に据えたものとして、将来のキリスト教神学の哲学的基礎づけに絶大な貢献をすることになるであろうと私は確信する。

この意味で、西田が思想と思想との出会いについて次のようにのべていることは、私たちの心に深く触れるものがある。

「人の思想と思想とが触れ合うのは、あたかも何処か無限の果に中心を有つ曲線と曲線とが接触する如きものであろう、或一点に於て接触するものもあろう、曲線的に触れ合うものもあろう、何処までも平行するものもあろう。とに角虚心坦懐に真実を考えるものは何処かで相逢うのであろう。」（『全集』第十三巻、二二三頁）

今日、日本のカトリックは世界のカトリックとともに、何よりも新しい発想と新しい哲学が求められているが、その重要な特質が例えばニコラウス・クザーヌスのような一致の原理「対立物の一致総合」にあることは、ほぼ間違いないところであろう。その折に、クザーヌスの根本思想である coincidentia oppositorum と深い対応性をもち、西欧近代の超克と東西の出会いと対決の仕事に生涯をかけて苦闘し、新たな時代思想の端緒を論理づけた西田哲学の成果を省みることは、日本におけるカトリック神学の避けることの出来ない課題といえないであろうか。逢坂神学はその点で最もすぐれた先駆性を持つものである。

逢坂は西田のいう「絶対無の場所」を「聖霊の場所」あるいは「キリストの身体」と捉えることによって、教会論の最深層にある生命を本質的に把握したが、その多くは第二バチカン公会議以後のカトリックの路線を先取するものであった。この意味で逢坂の思想の研究は、今後に残された重要な課題といえるであろう。

最後に私は、逢坂が日本に託した一つの祈念の言葉を記して結びとしたい。

「幸い日本は未だプロテスタントにもカトリックにも染まない処女地を有している。われらにとって過去の欧米が重ねて来た反動の歴史のごとき所詮いずれでもよい。」（中・一二二頁）

「木の根はその枝によって知られないで、その幹によって知られる。そこでわれわれはプロテスタントとカトリックのいずれを取るべきかを言うべきではないであろう。ただキリストの生命に与るべきである。ことに日本のキリスト教は先ずその根幹が何であるかに想到することを要するであろう。」（中・四一三頁）

註

（1）石黒美種は逢坂神学の最も深い理解者であり、『逢坂元吉郎著作集』三巻は、誰よりも彼の思想の真価を知る氏の執念の結晶といってよいものである。逢坂神学の全容を最もよく伝えている『受肉のキリスト』には、氏の「わが回心の記」がのせられているが、この内容は、日本人の精神史研究にとって、また逢坂神学との出会いの必然性を物語る記録としても、極めて貴重・不可欠のものであると思う。

（2）Michel d'Herbigny, Wladimir Solovjeff, Un Newman russe, Paris 1911.

（3）西田の絶対無は、「三位一体的の Co-equality」の意味をもつものとして、聖霊神学的神論と深く対応し、相交わる一面をもっている。

（4）この点は例えば次の二論文に最も鋭く表現されている。北森嘉蔵「西田哲学」（『基督教文化』一九四八年、十月号）、「西田哲学と神学の問題」（『理想』一九五一年、九・十月号）。

八　西田哲学とカトリック

※本章は、昭和五六年一一月二八日、京都ゲーテ・インスティトゥート講堂にて行われた、寸心会主催「西田幾多郎先生記念講演——西田哲学とキリスト教」における著者の講演録である。

（1） 仏教とキリスト教の対話

ご紹介いただきました小野寺であります。今日はこのような西田先生にゆかりの深い京都の地で、伝統ある寸心会の講演会にお招きいただきまして大変光栄に存じます。

私がこれからお話いたしますテーマは「西田哲学とキリスト教」になっておりますが、これは今日までの西田哲学研究の本流からみますと、かなり特殊な分野に属するのではないかと思います。しかしよく考えてみますと、今までの傾向がそうであったということでありまして、西田哲学の将来と申しますか、あるいは西田哲学の世界思想史的意義という観点からみた場合には、むしろこのテーマは極めて重要な国際的・普遍的意義をもってくるのではないかと思われます。

昨年三月に南山大学の宗教文化研究所が中心となりまして、「西田、田辺哲学の伝統とキリスト教」というテーマで、西谷啓治先生をはじめ西田、田辺哲学の学統を継承される第一線の方々と三日間のシンポジウムが持たれましたが、それを主催されたヴァン・ブラフト神父は、開会に先だち、その会の意義について次の二つの点を特に強調なさいました。

その一つとして、キリスト教の側から京都学派との対話を望む最も大きな理由は、なによりも京都学派が東洋的な大乗仏教の思想を背景としながらも、単にそれにとどまることなく、明治維新以来の西欧思想とのきびしい対決と試練を通して、その対話の結果生まれてきたもので、それは未来の世界の統合的文化に向って、仏教の立場をも超え、キリスト教をも同時に包括的に取り入れるように努めてきたからだといわれました。また現在のところ世界的視野で見渡してみても、京都学派ほど現代思想を考慮しながら、仏教とキリスト教の対話を突っこんで行っているところはなく、その意味では、西田先生をはじめ京都学派の人たちを、仏教とキリスト教との対話と出会いを促進した世界の先駆者と呼んでも過言でない、とさえ申されました。

しかしその場合に問題なのは、京都学派の人たちがもっているキリスト教自体のイメージがいかなるものであるかは、十分検討されなければならないという正当な指摘をもなさっておられます。

次にもう一つ、それと並んでキリスト教の側からみて京都学派の思想の最大の特徴といえるものは、宗教と哲学とが一致するアルキメデスの点の追求が、従来のヨーロッパの宗教や哲学、あるいはキリスト教神学とまったく異なったユニークな形で遂行されているということで、ブラフト神父は、西洋にはこの種の宗教哲学、あるいは「内的なキリスト教神学」というべきものは存在しないといわれました。

西田先生は一九三六年のお手紙で「大言壮語のようですが、昔から哲学はまだ最も深い、最も広い立場に立っていない。そういう立場から物を見、物を考えたい。それが私の目的です」といわれていますが、このように最も広い、最も深い立場から考えぬかれた西田哲学が、長い間、信仰と理性、哲学と宗教、あるいは科学との緊張関係に悩み、そこからはげしい様々な分裂抗争を経験してきたヨーロッパのキリスト教に、はたして従来とちがった新しい統合の論理をもたらし、その霊的更新に寄与し得るかどうか。ブラフト神父はそこになにかある種の可能性を期待し、ひそかにそれを予感しているかのようにさえ思われました。

以上の二点は、主にブラフト神父の御意見でしたが、根本的に私はこの御提案の趣旨に賛成であり、特に宗教と哲学を結ぶアルキメデスの点について、日本人キリスト者としていかに考えるべきか、シンポジウムで提起されたさまざまな問題を想起しながら、私の立場からの見解をのべさせていただきたいと思います。

(2) なぜ西田哲学か

ところで、これは皆様すでにお気付きのことと思いますが、以前に較べますと「仏教とキリスト教」とか「禅とキリスト教」といったテーマが、かなりあちこちで活発に論議されるようになって参りました。現に私も「禅とキリスト教懇談会」に所属し、そうした問題に大きな関心を寄せてはいますが、しかし私がこれまで一貫してライフワークとして取り組んできた問題は、これよりはるかに限定された「西田哲学とキリスト教」というテーマでありまして、主にキリスト教の、特にカトリシズムの見地からみて西田哲学はいかなる意味をもつか。また西田哲学とキリスト教の接点はどこにあるのか。さらに西田哲学の場所的論理は、キリスト教神学の思考法にいかなる変革をもたらすかなどについて色々考えて参りました。

しかしいきなりこれを語ることは、いかにも唐突に思われますので、その前になぜ私が「西田哲学とキリスト教」というテーマについて考えるようになったかの経緯を、手短かにお話したいと思います。

まずそれにまつわる一つの象徴的な出来事からお話しますと、一昨年の夏でしたか、私は神田の神保町の古本屋で『西田寸心先生片影』という、今では一寸手に入りにくい本を見つけて一読し、大変心を動かされました。そしてその中に、昭和二十年の東京大空襲後、三月二十一日付で高山岩男先生に送った西田先生の手紙が、ペン書きのまま遺墨として印刷されてありました。高山さんはこの手紙を、西田先生が弟子たちに与えた遺言状であると考えておられるようですが、これを読んでみますと、西田先生はこの時期にすでに敗戦を予想し、日本は非常な混乱期を迎えるであろうが、この際何を失っても、民族発展の精神的自信まで喪失してはならないと訴えておられます。

遺言とも思われる部分は次の文言です。「……そこで私は君方に一言したいのですが、君方は一つの出立点となる深大なる思想学問の根拠を作らねばならぬということです。私はＫ君の問に対して断じて可能だと言って置きました。唯力にのみ依頼して居ればきっとだめになります。……私はもはや老骨何時とも知らぬ身の上ですが、唯これだけを念として努力して居ります。今宗教論を書いております。」

この場合の宗教論というのは、いうまでもなく西田哲学にとっては総決算を意味する「場所的論理と宗教的世界観」であると思います。この手紙の末尾には、鈴木大拙の『日本的霊性』という本は実にすばらしいこと、また娘の上田弥生さんが突然死去したことなどが報告され、意志の強い先生としては老年のいいようのない悲哀を率直に吐露しておられます。この頃の他の書簡集を見ましても、例の宗教論を「砲声インイン」「決死の覚悟で書いています」という箇所もあり、この時期の西田先生は、迫り来る人生の終末と、敗戦間際の日本民族の非運を同時に重ね合わせて、渾身の勇をふるって次の世代のために宗教論の完成を急いだものと思われます。

この文面で見る限り、西田先生はこの「場所的論理と宗教的世界観」に託された宗教哲学的思考法が、必ずや今後の日本の思想、学問、文化の再建の理念的な礎石となりうるはずだ、というひそかな自負心を悲願として抱いており、それが「断じて日本人に可能だ」という言葉となってほとばしり出たのだと思います。

私はこの三月、石川県川北郡宇ノ気町の西田記念館で、偶然この実物の書簡に接しましたが、それを見ながら、この遺言の意味は、食うや食わずで考える余裕もなかったその当時よりも、精神の深層のよりどころを失い、文明の根源的な曲り角に立つ現在の方が、より切実な課題として私たちの胸に迫ってくるような気が致しました。

私は西田先生がこの手紙を書かれた頃は、旧制中学の三年生で、岩手から動員されて川崎の飛行機工場で働いており、東京大空襲で真赤に燃えあがった空を見ておりました。その後私たちの工場も爆撃されて灰燼に帰し、郷土に帰って終戦を迎えたわけですが、その後の私たちの自己形成は、敗戦の混乱の真只中で行われました。何を基盤として自己を形成していくべきかその方途がまったくわからないまま、いわば「混乱の中の人間形成」を生きぬき、三十年以上かかって、乏しいながら自分なりの思想を確立してきたことになります。

この歴史的ニヒリズムの渦中から摑みとった最も確かな思想契機が、私の場合には、たまたまキリスト教の、特にカトリックの信仰であり、哲学としては西田哲学でした。これは甚だ矛盾していますが、とにかく私が西田哲学に本格的関心を抱いて、これをキリスト教とのかかわりで研究してみようと決意したのは、上智大学の学生の頃でした。最初はまったく五里霧中という感じでしたが、とにかく当時は敗戦後の混乱の中で、西洋哲学の研究を通して、なんとか人生の支柱となるものを見出し、自己確立を図ることに必死でした。

哲学としては、はじめハイデッガーに関心を持ちましたが、急迫した私の魂の要求にとっては、根本的解決にならないような気がして、大学院ではアウグスチヌスの『神国論』を中心に、そこから及んで次第にヨーロッパ精神史の最深層を代表するものがカトリシズムであることを発見し、そこに究極的に意気投合するものを感ずるようになりました。ところが私が受洗して、キリスト教の深みに徹底すればするほど、まったく逆対応的に自覚されてきたことは、意外にも、外ならぬ自己の、日本人としての伝統的・主体的自覚がキリスト教の中でどのように位置づけられ、生かされるのかという課題でありました。

この考えを促す重要な下地は、私がかつて鈴木大拙師の『日本的霊性』や『日本的霊性の建設』などを読んで深い感銘を覚えたことにありましたが、さらに「日本的霊性の自覚の論理」とでもいうべき西田哲学は、私がそれまで学んだどの西洋哲学よりも私の心の奥底にふれて、しかもキリスト教の核心とも深く相呼応するものがあることを嗅覚のように直観していたからだったと思います。

このような経過から「西田哲学とキリスト教」という生涯にわたる研究図式が私の中に胚胎して参りましたが、しかしこの相矛盾する東西の異質な思想媒介と統合の課題は、長い間まったく不毛な絶望的な困難と矛盾意識のみを私にもたらしたように思います。

第一に、私にとって、西田哲学の全体系の脈動点となるものを理解し、体得することが容易ではありませんでした。「善の研究」はともかく、特に「自覚における直観と反省」、それから「一般者の自覚的体系」から「無の自覚的限定」を経て「場所的論理と宗教的世界観」に至る重畳たる精神の峰を踏破することは、東洋思想にうとい私には実になみたいていのことではありませんでした。

それに、ヨーロッパ思想の、特にキリスト教神学の研究も、日本人としては容易ならぬものでした。ですからさらにその両者を統合する接点がどこにあるかを探究するといっても、これはさらに無理なことで、それに指導助言して下さる先生もおらず、いつも途方に暮れていたというのが実情です。それですから、ついに私には思索能力が欠如しているようにも思えて、研究を断念し、しばらく小学校教師として実践活動に精を出していた時期もありました。

しかしそれでも巨大な海底の油田層のように、何かがここにあるという予感を捨て切れず、ねばり強くボーリングに取り組んでいる間に、距離も次第に縮まり、ある日、内面からその当体が閃光を発して噴出し、西田哲学のいう「絶対無」は、キリスト教的にいえば「三位一体の場所」なのだと画然と理解された時は、本当にデカルトの「コギト・エルゴ・スム」の発見もかくやと思われる程のよろこびを禁じ得なかったことを、今でも記憶しております。

しかしこれをどのように展開するかの糸口が摑めず、しばらく放置しておりましたが、やがてその真理性が成熟し、当時高校の「倫理社会」の教師になり、多少の暇も出来ましたので、それを「場所的論理とキリスト教的世界観」という論文にして『カトリック研究』という神学雑誌にのせてもらったことがあります。

その折に、当時孤立無援だった私が、抜き刷りを送って、はじめて戴いた下村寅太郎先生からのお手紙の内容は、今に至るまで忘れることはできません。そこには次のように書いてありました。

「…大変明快暢達の御論考に敬意を表します。且つ色々と重要な示唆に接し、感謝の至りであります。西田哲学の御理解に強い感銘を受けました。

小生にはキリスト教神学の理解が不十分なため、場所の論理と三位一体論との結合が、稍々性急な感じが致しましたが、手紙では意を尽し難く何時か御拝眉の節に色々御教示に接したく念願しております。

いまから二十年程前、アッシジに参った時、チタ、デラ、クリスチアーナに泊ったのですが、その時、泊り合わせた信者の人々に所望されて日本の哲学の話をさせられたので、西田哲学の話をし、絶対無のことに触れたのですが、後でその中の一人が、それではあなた方は何に祈るのですかと質問しました。その時壁にぶちあたった感じがし、未だにその時の印象を忘れ得ませぬ。貴論文を拝読して改めてその時の印象を想起しました。念仏とキリスト教の祈りとは異質的なものがあるように思われますが如何にや。これは未だにわかりません。いま一つ、キリスト教でない者の無責任な考えかも知れませぬが、我々日本人の理解しているキリスト教はヨーロッパにおいて歴史的に形成されたキリスト教で、一つのキリスト教理解であり、日本人には日本人のキリスト教理解があってよろしいというよりは、それでなくばキリスト教の日本への土着が出来ないのではないかと思われるのですが。貴論文においてもその意向がはっきり感じられるのですが、それを真にラデカル（radical）に進めるべきではないか。

ヨーロッパのキリスト教によって深い理解に導かれたことは感謝すべきことですが、ヨーロッパ的キリスト教に異端であっても、必ずしもキリスト教そのものに対する異端とならないというような根性があっても宜しくはないかとひそかに思います。

日本人にとってキリスト教とは何かを根本的に考えること、既成の神学思想を離れて、真にキリスト教体験に基づく根源的問いをなすこと、そのようなことを空想しますが、恐らく未信者の妄言と存します。」

この手紙は私にとって、非常にはげましになりましたし、大胆に自分の発想を生かそうという勇気を与えられたような気が致しました。

(3) 西田哲学とキリスト教の接点

以上がこれまでの私の「西田哲学とキリスト教」とのかかわりの概略ですが、今日は時間も限られていますので、直ちに問題の核心に入り、西田哲学とキリスト教の接点がどこにあるかをさぐりたいと思います。そのためには西田哲学の宗教観の核心がいかなるものであるかをまずしっかりと把握しなければなりません。

私は西田哲学における場所的論理と宗教を考えます時に、一番の核心をなす大切な言葉は、やはり「場所的論理と宗教的世界観」の冒頭に出てくる「宗教は心霊上の事実である。哲学者が自己の体系の上から宗教を捏造すべきではない」ということの中にあると思います。この点は南山のシンポジウムの折にも上田閑照先生は、西田哲学の核心は、理論の根底に心霊上の事実がある。西田哲学はその論理化なのだという御発言がございました。これはキリスト教にとって特に注目すべき重要な点であると私は考えます。

この「心霊上の事実」という西田先生の表現は、この時期に鈴木大拙先生の『日本的霊性』を読まれていたく共鳴され、「私と大拙の考は全く同じだ」と述懐されている箇所がありますから、「霊性的自覚」とまったく同一事態を指しているとみてよいでしょう。また先生は続いて「宗教を論ずる者は、少なくとも自己の心霊上の事実としての宗教意識」をもつべきだといわれています。が、このような「我々の自己に絶対の事実」である霊性的自覚は、禅宗とか浄土真宗とか、キリスト教徒とかの区別なく、人間である限り誰でも「宗教心」という形で、多少の差はあれ、もっているものであると思います。この点ベルジャエフも、「神と人間の実存弁証法」の中で、「霊性を獲得することが人間存在の主題」であるといっていますが、西田先生はこの実在的「宗教意識」を我々の生命の根本事実とみなし、同時にそれが学問・道徳の基でもなければならないといわれました。私は西田哲学の把握は、ここが一番肝心なところであろうと思います。

ですからこのことは、従来の宗教の単なる教義面とか、組織面にとらわれず、端的に霊性という人間意識の最も根源的、普遍的な事実から出発したという点で、実に画期的な意義があります。つまり従来の哲学者たちのように哲学を常に宗教の手前のところで終わらせるのでなく、霊性的自覚の真只中から、場所的論理的に十分の学問性を備えて霊性優位の哲学思想を打ち出されたということは、ほとんど翻訳に近い日本近代の哲学的状況の中では、まったく異例なことに属するのではないでしょうか。

明治以後日本に入ってきたキリスト教は、底が浅く、この「霊性的自覚」を本格的な意味で掘り下げようとする着眼と余裕に欠けるものがあったというのが私の見解です。そのためにごく少数の例外を除けば、どうも自分の信仰が所を得ない。あるいは深まらない、そしてただただ信仰を固く握りしめるけれども、なにか福音的生命というか、聖霊の充溢を感じないといった悩みを、私はいつも感じておりました。

また私はカトリックの信仰には深く共感し、傾倒するものがありましたけれども、しかしそれが学問や道徳の根本とどうつながるかというところは、どうもうまく把握できませんでした。ですから今考えてみますと、私が必死になってこれまで探究してきたものは、どうもこの西田先生のいわれる「霊性的事実」に基礎を置く信仰ではなかったかと反省されるわけです。

私が考えますのに、西田先生が「場所的論理と宗教的世界観」でのべておられることは、「人間自覚の最も広い、最も深い」霊性的自覚のもつ論理構造は、これを正確に規定すれば、「絶対矛盾的自己同一」といわざるを得ない事態なのだという主張にあるように思います。この重要な核心をふまえて、「絶対と相対」、あるいは「絶対者と自己との関係」は、単に類比的であるよりは、むしろ逆対応的に、「絶対矛盾的自己同一」の関係にあると規定されたのだと私は解釈致します。

これは一寸そういわれただけではわかりにくい概念ですが、これをもっとわかり易く私なりに表現し直せば、具体的・現実的世界が現に、今ここに、このように「ある」ということは、絶対者の自己否定的表現として、この有限・相対の世界に働いているものがあるということを意味します。そして同時にこのことは、現実をそのように裏打ちしている絶対者が、現実にあるような存在者としてあるのでは「ない」という意味では、いわば「絶対無」として、自己否定的アガペーとして世界の根底に働いているということでありましょう。

したがって神は絶対無であって、絶対のアガペーとしての自己否定を含み、すべてそれによって在らしめられるという意味では、万物は神の中にある。これをより西田哲学的にいえば、有限と無限という絶対に相矛盾したものの自己同一が世界の実相だから、そこから逆対応的に信仰が出てくるというのが順序です。

こう考えますと、神は決して単なる超越者ではない。かえって歴史を超越しながら、「同時」に歴史の中にあって、歴史と「共に」苦しむ神——即ち遠藤周作氏のいわゆる「同伴者」である神です。

西田先生はこの前進的統合のプロセスとなるような神を、汎在神論（Panentheismus）といわれていますが、それこそ「超越即内在」で、絶対者は宇宙的世界・被造物を通して、隠れた神として働き、常にこの世に相関した真のリアリティであるということになります。先生はこの関係を「娑婆が浄土を映し、浄土が娑婆を映す、明瞭相照す」とか「仏あって衆生あり、衆生あって仏あり」というふうに表現されておられます。

以上のことを見ましても、西田先生の真の意図は、絶対無の場所的論理によって、従来の絶対と相対、あるいは神人関係にみられる二元論を克服し、「霊性的自覚」を媒介にして、この関係をまったく新しく捉え直そうとしているのだということがわかります。

これがキリスト教とまったく無縁なはずがないということは、例えばベルジャエフの「霊の深みにおいては、神が人間の中に生まれるのみでなく、また同時に人間が神の中に生まれる」という言葉に明らかです。このような日常の世界が宗教的世界そのものなのだという先生の発想から、絶対現在的な終末論的平常底という把握も生まれてくると思いますが、これは最近のキリスト教神学の動向とも深く相通う面もあり、この点でも先生の洞察は驚くほど先駆的だといわざるを得ません。

この肝心かなめのところを押えておられたからこそ、西田先生は仏教とキリスト教、あるいは禅と浄土真宗などの歴史形態の奥にある根源に、自由に出入されて、自らの立場を非常に豊かで正確なものにしておられる。その意味で西田哲学は体質的にエキュメニカルです。そしてこれを可能ならしめているものこそ、場所的論理の独自性でありましょう。

それを西田先生の言葉でいいますと「永遠の美」とは「すべてのものによって課せられたものを総合統一して、最も純粋、有力な表現を見出すこと」であるといわれますが、同様に真の宗教哲学は、あらゆる宗教や哲学のエッセンスを総合統一して、永遠的なものを絶えず自己の中に現成していくプロセスなのだという解釈に外なりません。

西田先生はそこを踏まえておられたからこそ、私たちも驚くほどキリスト教を、キリスト教自身に即して理解され、それを「心霊上の事実」から解釈される。私などが西田哲学に学びつつ、なにか相互映発的にキリスト教の奥義まで何となく照明されるように思うのは、そこに確かな根拠があってのことだと思うわけです。

西田哲学においては、聖書をはじめ、パウロ、アウグスチヌス、エックハルト、ダンテ、ヤコブ・ベーメ、トルストイ、ドストエフスキー、キルケゴールなどを次々に自家籠薬中のものとされて、体系の中に位置づけられ、その深遠多彩な面影を一層色濃いものにしておられます。しかしそれでも西田哲学とキリスト教は根本的に一致するのかといえば、決してそうでなく、そこには決定的相違も一層際立ってくるように思います。

それは結局、禅とキリスト教の相違とも考えられましょうが、一番肝心な点はやはりイエスの唯一性に対する否定というか、象徴化という問題が挙げられます。もちろんそこでも神人イエスにおける絶対無のアガペーの表現とその働きは、高く称揚され、受容されますが、その唯一性は破られます。ここが一番問題になる点です。

しかし私はいくらそこを衝いても、問題のアプローチが違うので、なにも積極的な交わりが出てこないと思います。私としては、この点の解明に一番参考になりましたのは、上田閑照先生の、筑摩書房から出ている『西田幾多郎』の中の、「キリスト教と仏教」を解説された項目でした。

ここで先生は、キリスト教の特質として、「神と人間」を把握する場合に、なによりも神を根本として神から出発するといわれます。それに対し西田哲学の場合には、まず何よりも神と人間、絶対者と相対者との関係自体を「事実」として把握し、その関係自体から神と人間を見ていくので、これが場所的、論理的発想法の特徴なのだと指摘されています。

このことは西田先生自身「神と我々の自己とは絶対矛盾的自己同一の関係にある」といっておられますから、この把握はまったく妥当です。ところで私の反省として、自分自身のキリスト教理解では、上田先生のいわれる「神と人間」の関係点としての「と」は、ブラフト神父のいわゆるアルキメデスの点に相当するものであるにかかわらず、比較的等閑視されていたと思います。

一般に明治以後のキリスト教の宣教史をみますと、強調点はまず唯一の創造主なる神、神の子イエスの贖罪の業による人類の救済、そして聖書が唯一の神の御言葉の啓示の書という理解が中心になって推進されてきました。そこでは神と人間の「間」は、原罪によって深く断絶し、人間はまず罪意識の痛切な自覚を経て、十字架の贖罪を通して許されるというもので、内村鑑三などもこの典型とみてよいでしょう。

ところが西田先生にみられる宗教把握は、深刻な人間の弱さと、罪悪性に対する洞察はありますけれども、しかしどちらかといえば、その力点は、神が自己を含めた現実の彼方に超越した存在であるよりは、絶対者が自己否定的に自己および世界に内在し、それを逆対応的に支えている、裏打ちしている。いわば存在の根底を考えておられるように思います。そして「善の研究」では、その根源的一致を修練と信仰によって行ずることが、宗教体験の極致とされております。

さらに上田先生によりますと、場所的に捉えられた絶対者は、「絶対者とわれわれの自己」といわれる場合の「絶対者」をさすと同時に、それを包む「場所」でもある二重のものだといわれます。その場合西田先生のいわれる第一義的絶対が、その「と」のところ、場所的に包む神であることはいうまでもありません。この時絶対と相対とが対立するキリスト教的神は、対象論理に執するものとして、未だしと考えられているわけです。

そこで、それ故にこそ、西田哲学における絶対者の性格は、「神と人間」といわれようと、「仏と衆生」といわれようと、自由無碍だということになりましょう。ですから例えばここにキリスト教の神や阿弥陀以外の、日本の神々が来ても、原理的に拒否されることのない論理構造になっております。

ですから先にものべたように、西田先生はどの宗教にも自由に出入してそのエッセンスを縦横にわがものとされ、「霊性的自覚」に資するということで、それが西田哲学の独自性を形成しており、一即多、多即一の無限抱擁性を示す特徴かと思います。

私たちキリスト教徒は、この場所的論理的思考法に習熟しないために、唯一神の純粋さを守り抜くのは当然のこととしても、一方そのために日本の思想風土に根付かず、活殺自在の福音的生命力を持ち得なかったことは否定できない事実です。この点西田哲学の論理から学ぶべきものは実に多いと私は考えます。

ではどうすればよいのか、ということですが、私の考えとしては、先程の「神と自己」の「と」のところがキリスト教の場合、特に日本ではあまり深く考察されていないわけですから、そこをどんどん埋めていって、そこに架橋すべきだと思います。具体的にいえば、その「と」は、キリスト教的に何を意味し、絶対と相対の関係をどう捉えるかということになりますが、私はそこに大胆に西田哲学の場所的論理を導入すべきであると考えました。この意味で西田哲学は、日本の神学の哲学的基礎でありうるとみてよいでしょう。

しかし「神と我々の自己」という場合の「と」はいったい何かということですが、これは今までの話のいきさつから明らかなように、「霊性的自覚」という場合の自覚点ともいうべき「絶対の場所」を意味するわけで、西田先生が絶えず強調なさったアウグスチヌスの、いわゆる「永遠の今」としての純粋経験の場を指していることは明らかです。

この「と」は、絶対と相対との媒介点をなす絶対の場としての「霊性」を意味し、これはキリスト教徒にとっても死活にかかわる決定的に重要な点です。私はこの「と」の場所を「三位一体的聖霊の場」と捉える道を打開してきましたが、この着想を得るまでには大変難渋しました。その場合私に解決への糸口を提案してくれたのは、東西を結ぶ橋といわれ、その思想的接触のキーポイントともいうべきロシア最大の哲学者、ウラジミエル・ソロヴィヨフでした。

私は東西の媒介点となるソロヴィヨフを中心とするロシア宗教哲学思想の中に、内在的超越的に西田がたどったのとは逆な方向で、必ず超越的内在的な意味でのキリスト教的「場所論」が見出されるはずだという見当で探究してきましたが、果たせるかな、そこに発見したものは、「三位一体的ソフィア論」という形での典型的「場所論」でした。

しばらくして私は「『三位一体のおいてある場所』――ソロヴィヨフのソフィア論と絶対無」という論文を書き、そこで西田哲学とキリスト教の究極の接点は「三位一体の場所」としての絶対無であって、その「と」の部分の問題は、具体的には聖霊と霊性の関係の問題であることを論じました。

その場合の三位一体というのは、キリスト教の最も独創的な根源的真理を意味しており、ソロヴィヨフやトルストイ、あるいはドストエフスキーの共同の師であるフヨドロフはこれを「未来の世紀の神」といっておりますが、ある意味で絶対者意識、つまり霊的生命の自覚様式を示す言葉で、父と子と聖霊が「関係」において一つであることをあらわしています。フヨドロフはこの三位一体神を、最高の知恵といえども到達し難く、そこに感知される心情の暖かさにおいては、子どもですら容易に理解される驚嘆すべき真実とのべていますが、一方ではソロヴィヨフが指摘しているように、三位一体は啓示の論理であるとともに、思弁的理性にとっても必須な真理であるという意味で、西田先生の禅からの脱化としての純粋経験の哲学、つまり矛盾的自己同一の論理と、「三位一体の場所」において深く相交わっています。そしてこの交わりの場は、同時に聖霊と霊性の交わりの場でもあるわけです。

この「三位一体の場所」という表現は、日本語としても、いかにも気になる表現ですが、しかしこの把握は、内在的超越の方向を極限までたどろうとする西田哲学の究極のありようとも完全に一致しています。

なぜかと申しますと、西田哲学が実在の究明にあたって手がかりにしたのは「意識」であり、それを唯一の実在とし、意識を意識する自覚を実在の中心に据えて、それを、自覚における「超越的述語面」、あるいは「場所」として論理的に把握したところに、西田哲学の核心があるからです。

したがってキリスト教の場合、この方向に対応する契機は、三意識一絶対生命としての神の自覚、即ち「三位一体」の自覚以外にはなく、絶対無の場所は、キリスト教的には明らかに「三位一体の場所」と把握さるべきものと考えます。ここに至って西田哲学の絶対無も、はじめて無の面に執することなく、真実の意味で、「絶対無即絶対有」となりましょう。私はこの方向にのみ日本的霊性とキリスト教の真の出会いの道があると考えるものです。

この意味でキリスト教の真髄は、その根源においては決して西田哲学が非難しているような一神教的、君主的、独裁的な神の宗教のイメージではなく、むしろ本質的には、三位一体論的、神人論的な愛の宗教であり、そういう角度から考えられた時のみ、三位一体と絶対矛盾的自己同一の論理は深く出会いうるように思われます。

このことが私が今日一番お話したかった「西田哲学とキリスト教」の接点というか、脈動点についての私の見解でしたが、それだけではあなたの主観的見方に過ぎない、もっと西田哲学に即して語れ、といわれそうな気がしますので、有力な傍証として一つだけ加えておきます。

それは若い時分から西田と親交があり、互いに気概を通わせ、「私は西田から哲学を学び、西田に神学を教えた」といっていた逢坂元吉郎牧師についてでありますが、この方はまったく異色あるプロテスタントの牧師で、日本人の神学者としては、はじめてプロテスタントとかカトリックとかの教派の枠を超えて、しかも内村の無教会主義をも斥け、初代教父時代（アウグスチヌスより遡ってイレナエウス・テルトリアヌス・アタナシウスなど）の正統的教会の福音的生命を伝える「客観の三一神的創造」にあずかる信仰への回帰を説き、日本公会の設立を提唱した人ですが、この逢坂と西田先生の思想交流を伝える手紙の中で、この「三位一体」と「場所」についての意見の交流があったことは、大変興味深いことだと思います。

私が注目するのは例えば次のような手紙の内容です。これは昭和七年西田先生から逢坂師宛に出された手紙ですが、「御手紙拝見しました。媒介として私の所謂『無』というものは、『無』という語によって人がすぐ想像する如き非人情的なものにあらず、私の無の自覚というのはアガペー agapé の意義を有するものにて、三位一体的の（Co-equality（同格）の意味も出てくると思うのです。それから客体的存続というものが私の考えにて、……却ってそれがなければ私の自己の中に、絶対の他を見ることによって自覚するという意味がなくなるのです。この点誤解なきように願いたい」というものです。これは実に重要な内容だと思います。なぜかと申しますと、西田先生の「無の自覚」は無即愛ということでは、三位一体の「同格」の意味も出てくるといっているわけですから、そこの接点がはっきり指示されていることがわかります。しかしこれは無の自覚から三位一体を見ているという意味で十分に仏教的です。

これに対して逢坂師が答えた直接の手紙は見出されませんが、彼の著作を見ると、西田先生とは違った角度から、「天上の三位一体、これがすべての権威である。これのみがこの世の哲学に勝つ、これ以外のことは枝葉の事柄である」とか、「三位一体の交わりの中にわれわれが入っていくのが、キリスト教生活の眼目である」とかいう言葉がみられます。

西田先生が逢坂師に手紙を書かれた昭和七年といいますと、西田先生が、『一般者の自覚的体系』から『無の自覚的限定』を書いて、自己の立場から、哲学史上最も深い自覚の意識に徹したアウグスチヌスに深い共感を寄せ、旺盛に彼の思想を摂取した時期ですから、実質的にはここで一番キリスト教思想に接近しているのだと思います。

逢坂師は西田さんのトポロギー哲学に大変な共感を示し、日本もようやくこれを土台にキリスト教神学を形成すべき時期に到達したなどといっている箇所もあり、三位一体の場所的論理的神学としての聖霊神学に大変接近してきているように思います。

また逢坂師は常々「自分は日本のニューマンだ」とか、「ドストエフスキーこそ真のクリスチャンの型を教える」とかいっていたそうですが、このことはいみじくも、西田先生の最後の著作で論じられたドストエフスキーに託しての新しいキリスト教への提言とも一致するものがあります。

それは「今日世界史的立場に立つ日本精神としては、何処までも終末論的に深刻に、ドストエフスキー的なるものを含んで来なければならない。そこから新なる世界文化の出立点ともなるのである。ドストエフスキーは、人間をその消失点 vanishing Point に於て見たと云はれる」といい、さらに、「新しいキリスト教的世界は、内在的超越のキリストによって開かれるかも知れない」という重大な提言をしておられます。

その意味で「西田哲学とキリスト教」の問題を本当に解く鍵は、ドストエフスキーの哲学的背景をなしているソロヴィヨフを媒介としてつかんだ私の「三位一体の場所」という把握の中にあり、これはまったく西田の提言の方向にそっていますし、これこそ「内在的超越のキリスト」を生み出す母胎になるもののように思われてなりません。

（4）聖霊論的キリスト教

以上のことをふまえて、私は最後にもう一度上田先生が問題にした「神とわれわれの自己」の、その「と」の問題に立ち帰り、日本の神学確立の方向を模索してみたいと思います。

このアルキメデス的点としての「と」は、西田哲学的には「心霊上の事実」としての「絶対の場所」を指しますが、キリスト教的にはそこはまさしく「聖霊の遍満する場所」というべき地点で、ここで当然「聖霊論」が重大な意味をもってくることになります。

私はこれまで西田先生のいう「そこからそこへ」は、「三位一体の場所」を指すことを執拗に主張して参りましたが、それはひとえに、西田哲学とキリスト教を結ぶアルキメデスの点が、三位一体的聖霊論と絶対矛盾的自己同一的霊性的自覚との関係を指示すると考えたからでした。

三一論への関心の復興は二十世紀の神学の著しい特徴といえるものですが、例えばネメシエギ師は、「今日のカトリック神学」を論じた重要な論文の中で、「間断なく流れ込んでくる聖書神学、教父神学、スコラ神学、教会神学などの豊かな成果を紹介し、これらの新しく開示された富を一つの綜合像にまとめる新綜合はまだない」が、しかし「もし臆測を述べることが許されるなら、わたしは聖三位一体の神学がこの新しい綜合の焦点に立つであろう」といわれ、その任務は巨人的であり、その実現は遠い先のことだといわれますが、私はこれは西田哲学とキリスト教の出会いをまってはじめて可能になるのではないかと考えております。そしてこの思想展開がなぜ難しいかというと、聖霊の論理というか、三位一体の場所の構造が深く捉えられていないからで、これを開拓することによって、見性成仏との深い対応がはじめて生まれてくることになると思います。そこで一番大切なことは聖霊論の開拓ということではないでしょうか。

バルトは亡くなる前、その絶筆であるシュライエルマッハー選集のあとがきで「聖霊の神学」の可能性を示唆的に主張したということですが、これはさすがだと思わざるを得ません。

ご承知のように、キリスト教においては聖霊は父と子の関係として、常にそれ自体と関係し、自己を通して神を見る「内在性の原理」といってよく、超越的なものが同時に内在的であるという場合の内在契機とみてよいでしょう。したがってそれは西田先生の「自己が自己において自己を見る」あるいは「自己が他者において自己を見る」というそういう場所的な自覚の構造と完全に対応しております。聖霊はこの意味では私たちの本心というか、霊性の一番深いところから私たちに絶えず生命と光を送って、私たちの実存意識を覚醒させ、それを身体に刻ませる「悟りの霊」であるわけです。

聖書をよく読んでみますと、イエス・キリストの生涯は、決して十字架上の受難という現象に尽くされるものではなく、はっきりと「聖霊を送る」(ヨハネ一六-七)という重要な契機となるように選ばれた御父への従順の具体化であったことが記されていますが、キリストの死と復活によって父からつかわされた聖霊は、時満ちて、真理のあらゆる面を悟らせると約束されています。ですからこのことはイエスの生涯の究極の使命が、聖霊の実在を信じさせるところにあり、それは真理の霊として、あらゆる人の心の中で語り、光となることを示すものであると思います。

　父と子と聖霊というのはキリスト教においては、そういう絶対者意識の自覚的生命の構造をさすわけですから、これはまさしく西田先生のいわれる「われわれの自己の奥底に、どこまでも自己を超えて、しかも、自己がそこからと考えられるものがある」という方向に即応し、西田哲学の場所的論理によって、聖霊論的思考が可能になることを予感させます。

　このように聖霊は「真理のあらゆる面を悟らせる」といわれ、すべて物事の真相は、聖霊を通して啓示されるといわれますが、しかし聖霊は、具体的には「霊性」によってしか理解されない。このことはスペインの十字架の聖ヨハネが一番よく示しているところですが、ここでいう霊性は、神の内なる人間性ともいうべき「純粋性」で、これを日本流の伝統用語でいえば「清明心」か誠のようなものをさすと思いますが、すべて超自然的な天啓真理は、この霊性に媒介されて、はじめて人間に移ると私は考えます。

それ故、西田先生が対象論理的とよぶ悟性的客体化の学問が、それだけでは「真理の霊」の消息を把握しえないのはそのためです。ハイデッガーのいうように現代における技術時代の広汎なニヒリズムの現象はこのようにして生起してきたものといえましょう。

ですから西田哲学における霊性の論理としての場所的論理は、キリスト教的な聖霊論的思考を成立させる肝心かなめの論理であって、キリスト教的信仰自覚を深め仏教と出会わせる唯一の活路であると思います。「聖霊に感ぜざれば、だれも、イエスは主なりと言うあたわず」（コリント前書十二、五）ということは、絶対無の場所に聖霊が遍満し、人間の主観性が完全に断たれたところで、初めて心の目が実在に透徹し、その「物自体」が我を照すということを意味するのであって、これは西田哲学の絶対的現実主義、あるいは絶対的実証主義とどこかでつながるものがあると考えます。

以上が私が今日ぜひお話したいと思った主なことでしたけれども、この結論は西田先生の次のような言葉によって、完全に裏づけされると思います。

即ち、西田先生は「場所的論理と宗教的世界観」の最後の方で、この問題に触れられまして、次のようにいわれています。

「我々の自己が宗教的になればなる程、己を忘れて、理を盡し、情を盡すに至らなければならない。……ルターも、ロマ書の序言に於て、信仰は我々の内に働き給う神の業なり、ヨハネ伝第一章にある様に、我々を更《か》えて新しく神から生れさせ、古いアダムを殺し、心も精神も念いも凡ての力と共に、我々を全く他の人となし、更に聖霊を伴い来らすと云って居る。」というのですが、このことは、聖霊の遍満する無の場所に自己否定的に自己を開くことによって、聖霊に満されることをさし、これをエックハルト流にいえば、「突破」において、神の子が誕生するということになり、日々実存の転換を通してキリストを刻むことになりましょう。田辺先生は、「キリスト教の辯證」で werdender Christ という言葉を引用されたことがありましたが、おそらくこの消息を伝えたかったのではないかと思われます。

　この意味で西田先生のいわれる「新しいキリスト教は内在的超越のキリストによって開かれるかも知れない」という言葉は、私の解釈では、聖霊に導かれて、子なるイエスを通して父へという方向が、西田哲学の実存的構造と一致するプロセスであり、新しいキリスト教の向うべき方向であると思います。

　有名な現代のスンマテオロギカを書いたといわれるポール・ティリッヒの「組織神学」の構成をみますと、父と子と聖霊の順序になっていますけれども、方向は逆になるはずだと私は考えますし、彼の場合、三位一体の「場所」の論理構造が不徹底のような気がします。

この意味で私が大変関心をもって学ばせていただいているのは武藤一雄先生の「新しい宗教哲学」の方向で、やはり西田先生の「内在的超越」の問題を取り上げておられますし、「いわゆる新約聖書の非神話化論について」という論文では、ブルトマン、バルト、カール・ラーナーなどの現代神学の主流になる思想を明確に分析検討されまして、自然と恩恵、信仰と理性、哲学と神学の連関に新しい解釈を導入され、従来のプロテスタントとカトリックの枠を超えた、より根源的なキリスト教自体のあり方を、逆対応的な場所的論理で打開すべきことを提唱しておられます。

その上にさらに重要なことは、キリスト者が他宗教、特に仏教との対話の場に出ていくときに「相互の出会いの我汝関係を、自然神学的な有の立場を超えて可能ならしめる場は、西田哲学的にいえば無の場所であり、キリスト教的には聖霊の遍満する場所であるといいうるのではないかと思う」といっておられます。このお考えは、私の三位一体の場所は聖霊の於てある無の場所であるという考えと一致しており、私は大変はげましを受けた次第です。

このほか、日本のカトリック思想界におきましては、トミズムの立場に立たれる松本正夫先生が「存在論の諸問題」に出ております「存在類比の形而上学的意義」や「無からの創造論考」

におきまして、西田哲学の「無の場所」の思想の重大性を認められ「……私見ではあるが、先生の学問は究極するところ宗教哲学であり、それは仏教的基盤に立ちながら、キリスト教への深い思慕に貫かれている。その場所的無の弁証法には、絶対者（神）と相対的総体（世界）との共存、いわゆる『無からの創造』を可能ならしめる、スコラ哲学で謂う『存在の類比』に重大な示唆を与える何ものかがある」といわれています。

また門脇佳吉神父は、三回目の『西田幾多郎全集』第十七巻の付録に、「西田哲学とカトリシズム――現代神学の動向に呼応するもの」という文章を書いておられますが、最近特に西田哲学に深くかかわらざるを得なくなった一つの理由として、「後期西田哲学にカトリック神学の動向に呼応するものが多くあることに気付き、西田哲学の先駆的性格と、世界主義的本質を備えていることを発見したことにある」といい、一つの例としてカール・ラーナーの神学との比較をとりあげています。

それに深入りすることは避けますが、ただラーナー神学の中心は、ナザレのイエスにおける神の完全な自己譲渡（Selbstentäußerung）が、歴史の中で私たち一人一人に及んでいるということであり、その神の世界への自己譲渡は、御子による歴史的なものと、聖霊による実存的なものがあり、その根源的事態が、歴史の中で徐々に実現されていくという点で、「内在的超越」の面から捉えられていることに注目しておられます。

このような聖霊論的傾向は、例えばヨハネ・パウロ二世の回勅、「人間のあがないの師」などを見ましても、御子イエス・キリストが人となり、あらゆる人間に結ばれていることは、すべての人に及ぶ聖霊の働きといえるものであるとして、旧約の詩篇を引用され、神の知恵《ソフィア》の内在と、各人がキリストに結ばれ、各人の中に一番深く働いているのは聖霊の働きであることを強調しています。

そのような人間の超越への働きとして、一　真実の探究、二　善良さへの希求、三　自由の追求、四　美へのノスタルジー、五　良心の声があげられていますが、聖霊論的思考に伴う美への着目は注目すべきであると思います。

去る四月二十六日に上智大学を訪れたマザー・テレサは、特別講演のはじめに、人間にとって最もbeautifulなことは、神さまが私たちを愛して下さるように、私たちも互いに愛し合うことですといわれました。

この美はもちろん霊性美を意味するものですが、日本人の体験に深くくい込むものを覚えます。

このように日本人に一番関心があって一番理解されていないもの、これが聖霊であると私は思います。日本人にとってこれが一番最初に来るべきなのに一番最後になってしまうのです。私の好きな八木重吉の詩に次のような聖霊についての唯一の詩があります。

聖霊

聖書が聖霊を生かすのではない
聖霊が聖書を生かすのだ
まず聖霊を信ぜん
聖書に解《かい》しがたきところあらば
まず聖霊にきかん
聖書のみに依る信仰はあやうし！
われ今にしてこれをしる　おそきかな

また日本の代表的キリスト者である内村鑑三は、苦難に満ちた戦いの生涯を回顧して、聖霊接受の稀薄こそ現代キリスト教の欠点であることを指摘し、自分も従来父なる神とキリストなる神について数十年のべてきたが、聖霊なる神の研究が足りなかったことを率直に自己批判しています。

ではどのようにして、新しい聖霊論、即ちプネウマトロギーを展開するかということですが、それについてはキリスト教自体の掘り下げという点ではパウロ神学の研究の中に一つの手がかりが得られると思いますが、それにつけても私が、南山のシンポジウムで教えられた一つのことは、武藤先生の御発言で、聖霊論の新しい展開について考えるとき、例えば、西谷先生の「宗教とは何か」について書かれている宗教における「人格性と非人格性」、ことに「聖霊」の非人格的人格性、人格的非人格性から大きな示唆を受けたといわれたことでした。

また田辺先生の「キリスト教の辯證」にも言及されて、田辺先生は、キリスト教的有神論に基づく三位一体論を、換骨奪胎的に解釈し直して、神の愛と、人間の神に対する愛と、人間同士の隣人愛とが三一的であるとしておられますが、この愛の働きを聖霊の働きであるとすれば、無即愛は聖霊論的キリスト教の理解であるといってよいといわれています。

このような田辺先生の把握は、伝統的なキリスト教の人格的有神論の立場からは、問題といえば確かに問題でありましょう。しかし田辺先生は、いつかカトリックの哲学者である松本正夫先生に向って、「自分の立場はあなたとはまったくちがうところに立っているが、しかし真理は一つであって、ちょうど反対側のラビリンスの両端から手さぐりで中に進むようなもので、壁から手を離さずにずっと中へ中へと伝っていけば必ず出会えるのだ」と語られたということですが、そのように考えれば、これはお互いに聖霊論的理解を通じて、接近していると考えてよいわけでしょう。

また武藤先生は「西谷哲学とキリスト教」という項目で話されたところで、角川書店の現代仏教講座に書かれた「仏教とキリスト教」という論文の内容を紹介され、田辺先生よりさらに徹底した非神話化の一例として、カトリックの「聖母マリアの無原罪の御宿り」について触れられました。

これは私自身カトリックとして大変興味があったのですが、そこでは白隠和尚の「衆生本来仏」であるような、染、不染を超えた見地から、無原罪の受胎とか、処女懐胎は、マリアに独占的に起こるのではなく、すべての人に起こるのだという解釈が行われています。

これは、私の立場から申しますと、「三位一体の場所」といわれるところは、聖書の場であって、ある意味で、信仰的には聖母性を指すものですから、カトリックの立場を少しも崩さずに、しかもその真理の普遍性を聖霊論的に仏教的立場で立証してくれていることになります。

私は三位はそのままに一にして無であると考えるので、かえって西谷先生の論文から無限の啓示を受けとることができます。

以上、「西田哲学とキリスト教」について、一番の核心と思われる点を思いつくままに述べて参りました。このほかに本格的に触れてみたい問題として、滝沢克己先生のインマヌエルの考えとか、西田先生の絶対矛盾的自己同一についての不可分・不可同・不可逆の考え方、鈴木亨先生の「存在者逆接空」と自然史の哲学、または北森神学の問題とか、色々ございますが、これらのすぐれた日本の神学や哲学の成果は、広い意味で京都学派との対話から生まれてきたといっても過言ではなく、これから始まる大規模な創造的対話の序曲とも考えられます。

以上甚だ長くなりましたが、西田哲学とキリスト教の接点の構造が幾分でも明らかになり、西田哲学がいかほど威力をもった世界的哲学であるかの一端が御理解いただけましたら幸いに存じます。

御静聴ありがとうございました。

旧版あとがき

このたび、三一書房のご好意で、私のモノローグとして書きためていた、かなりな分量の論稿や随想の中から、任意に幾篇かを選んで、「大地の哲学」と題して、処女出版することにした。

全体の構成は三部に分かれているが、最初は私の思想の原点を示すようなものを三篇選んでみた。

それを「詩と哲学」としたのは、ハイデッガーの哲学詩「野の道」と「ヘーベル・家の友」から深く啓示されるものがあったからであり、それを私自身の立場で思考すると、どうしても「イーハトーヴ・詩と哲学の根源」というテーマになると考えたからであった。

あとの二篇は短文ながら、イーハトーヴに抱かれた大地的思考の種子が、敗戦という歴史体験をかいくぐることによって、どのように展開し、魂の造形に立ち向かうようになったかの経過を綴ってみたものである。

続く第二部は、それを一歩進めて、日本的霊性とキリスト教の根本問題を扱い、その究極の接点を、「三位一体の場所」とする独自な論旨を展開した。

本来ならば、この点をもっと詳細に論じ、私の宗教哲学的発想の出発点となった「場所的論理とキリスト教的世界観」をここにのせた方がよいとも考えたが、しかしこれはいささか専門的過ぎる気もして、むしろこれをより象徴的に表現した「絶対無と聖霊」を置くことにした。

この論文の中で私は、鈴木大拙の「日本的霊性」の理念が「大地性」にあるといわれていることに着眼し、それをさらにドストエフスキーのキリスト教的大地性の理念と対置することによって、日本カトリシズムの信仰の座を「三位一体の場所」と把握した。

第三部はその前提をふまえて、日本近代の代表的哲学である西田、田辺、鈴木哲学とキリスト教、とくにカトリシズムとの対論を試みたものである。

その際、とくに鈴木哲学を中心に論じたのは、氏の代表作である「実存と労働」から「響存的世界」に至る思索の成果が、西田・田辺哲学の哲学精神とその論理の最もすぐれた継承・展開であるのみならず、私の「三位一体の場所」の思想と深く契合し、私のライフワークである西田哲学を媒介とする日本のカトリック神学の形成に、ある確固とした土台を提供するように思われたからにほかならない。

「近代日本の哲学とカトリシズム」は、その至難の課題を、三位一体的聖霊神学の確立を通して打開しようとする試論であるが、幾多の曲折を免れなかったのは、東西の接線上で思索を試みようとする者の誰もが体験する運命的な悩みなのであろう。

しかしこの点、私はのちほど、逢坂元吉郎牧師の神学思想に接する機会を得て、研究が進むに従い、私の思策の方向がすでに西田との思想交流で先取されていたことを知り、深いはげましと慰めを得たのである。

それに加えて、かつての西田門下の逸才であり、「森全一学」を確立し、日本思想の英知を一身に体現した趣きのあるわが導師、森信三先生から、深き洞察と理解に富む序文をいただいたことは、身にあまる感謝というほかはない。

師は重い病床にあって、敢てこの序文を草されると共に、「キリスト教の三位一体論を、聖霊論から解釈されるこの試みは、日本においては誠にふさわしい観点で、満腔の賛意です」という手紙と共に、つぎの歌を寄せられた。

これこそ私のいわんとする思想を、一点に集約して透明化したものであろう。

わが呼吸を支えたまへるみいのちや
大天地《おおあめつち》のみいのちにして

不尽

一九八三年五月

小野寺　功

新版あとがき

昨年の暮れ、偶然立ち寄った書店で、佐伯啓思氏の『近代の虚妄――現代文明論序説』(東洋経済新報社)と出合い、衝撃を受け、深く考えさせられた。

それというのも、この書の内容が、帯にあるように、「西洋近代の限界を縦横無尽に論じ、日本思想の可能性を探る」という、ショッキングなものであったからである。

なかでも私がとくに関心を寄せたのは、佐伯氏のような日本を代表する知性の、その思想の根底に、西田哲学の「無の思想」が据えられてあり、それを土台にした東西思想の統合が志向されているという点であった。

私は以前、氏の日本的精神の核心を衝く『西田幾多郎――無私の思想と日本人』(新潮新書)を読んだが、それは西田哲学の国際化、革新的意義の追求であることが類推された。

その後、私はこの書に触発されて、これまで私家版にとどめていた「伝統と創造の課題における日本的霊性の理念」という大部の論文を、『日本の神学を求めて』と改題し、春風社から出版させていただいた。

半世紀も前のこの論稿であるが、私のねらいとしては、西田・田辺らの日本近代の哲学を、鈴木大拙のいう日本的霊性の自覚の論理と捉えつつ、カトリック神学の日本的展開を図るというものであった。

しかしこの論集は、冊子にはなっていたものの、あまりに内容が宗教哲学的で難解なためか、当時次第に活発になりつつあったカトリック作家や、思想家たちとも無縁であった。

それがどういう機縁か、誰が伝えたのか、この冊子が神戸在住の教育哲学者、「実践人」の主宰者である森信三先生の眼にとまり、思いもかけず新しい展望が開けてきたように感じた。

森先生は、京大哲学科出身の逸材で、西田幾多郎とその哲学に生涯深く共感・傾倒しつつも、講壇アカデミズムの傾向に満足せず、より実践的・実学的な「森全一学」を樹立された方である。

先生は実に筆まめで、全集前期二十六巻と、晩年の後期七巻の膨大な実績を残しているが、あまり世に知られていない。

私がそのなかで特に注目させられたのは、「全一学を求めて」という講演録と、日本では唯一と思われる「学問方法論」であった。それは、日本における思想や哲学などの学問の継承と展開はいかにあるべきかを省察した「方法叙説」であった。なかでも、とくに強調されていたことは、日本近代の哲学思想の展開は、とりわけ西田哲学を基礎とすべきであるという見解であった。つまり森先生の全一学体系は、西田哲学の継承・発展と実践化の成果だったのである。

その後私は、長期にわたるライフワークの取りくみを通して、西田哲学の独創的な「絶対無の場所」の論理は、キリスト教の中でも、最も重要な「三位一体論」とも深くかかわることが、改めて心底から理解されてきた。

これはたとえば、アウグスチヌスの「三位一体論」では、父と子と聖霊なる神は「一つの実体、三つの位格（una substantia tres persone）」というふうに定義されている。この場合、そこではギリシア的実体概念が使われており、もとより正当であると思う。しかし日本人の感性からは誠に理解しにくい。私は上智大学の大学院生の頃からこれが気になっていた。なぜならこれでは四位一体になりかねないからである。悩みの末に、ある日、閃光のように感得されたことは、ここに西田哲学の「絶対無の場所」の思想を導入すべきだということであった。

そうすれば、三位一体の啓示表現のなかに、「絶対無即絶対有」の全一性が確保されることになり、キリスト教は、真の東洋性をも抱擁して一段と深まりをみせ、東西の出会いに大きく貢献することになるはずであった。

もう一つは、西田哲学の場所的論理は、日本的霊性的自覚の論理であり、キリスト教的には、父と子よりも、聖霊契機に対応する哲学であることに気付かされたことである。

「聖霊」受容の欠如については、隅谷三喜男氏が、『日本プロテスタント史論』のなかで、「父なる神の信仰と第二のキリストの受肉と十字架の福音は、深く受容され、告白されたが、「聖霊の信仰」という第三段階は未だ到達していない」と指摘している。

「三位一体」を本当に信ずるようになるためには、教理的に受け入れたものを、逆に体験的に把握しなければならない。すなわち聖霊体験が先にきて、それからキリスト、そして神というように「内在的超越的」に体認していき、その結果、キリスト教の真髄が体得されてくるのである。

西田幾多郎が、晩年の著作で「新しいキリスト教的世界は、内在的超越のキリストによって開かれるかもしれない」と語っているのは、その意味である。

私は以上のような思想遍歴を経て、「西田哲学から聖霊神学へ」の道をめざし、『大地の哲学』『絶対無と神』『聖霊の神学』など七冊の著書を上梓してきた。

これに対し森先生は、「ここまできて、初めてキリスト教の土着化といえると思います」といってはげまして下さった。

旧版の『大地の哲学』に、森先生が進んで序文を書かれたのは、以上のいきさつによるものである。

新版の『大地の哲学』が、佐伯啓思氏の期待に、ささやかでも応えられるかどうか、――それが今後の私の課題である。

最後に、いつもながら、時代に対する確かな洞察力と、出版に対する深い使命感をもって、常に私の歩みを督励してくださる春風社社主の三浦衛氏に、心から御礼申し上げたい。

二〇二二年八月

小野寺　功

本書は小野寺功『大地の哲学――場所的論理とキリスト教』（三一書房刊、一九八三年）に一部改訂を加えたものです。

【著者】小野寺功（おのでら・いさお）

一九二九年岩手県生まれ。上智大学大学院哲学研究科修了。清泉女子大学名誉教授。主な著書に『絶対無と神——京都学派の哲学』（二〇〇二年）、『聖霊の神学』（二〇〇三年）、『大地の文学［増補］賢治・幾多郎・大拙』、『随想 西田哲学から聖霊神学へ』（二〇一五年）、『日本の神学を求めて』（二〇二一年）がある（いずれも春風社）。

新版《しんぱん》 大地《だいち》の哲学《てつがく》——三位一体《さんみいったい》の於《おい》てある場所《ばしょ》

二〇二二年一一月一五日 初版発行

著者 小野寺功 おのでら いさお

発行者 三浦衛

発行所 春風社 Shumpusha Publishing Co., Ltd.
横浜市西区紅葉ヶ丘五三 横浜市教育会館三階
〈電話〉〇四五・二六一・三一六八 〈FAX〉〇四五・二六一・三一六九
〈振替〉〇〇二〇〇・一・三七五二四
http://www.shumpu.com ✉ info@shumpu.com

装丁 長田年伸
装画 moineau
印刷・製本 シナノ書籍印刷株式会社

乱丁・落丁本は送料小社負担でお取り替えいたします。
© Isao Onodera. All Rights Reserved. Printed in Japan.
ISBN 978-4-86110-839-6 C0010 ¥3200E